# ばるぼら

# BARBARA
## Scene Photos

6 ごみを投棄すること。
新宿区
RDN
RDN

# DIRECTOR

## 監督・編集 手塚眞
## TEZKA MACOTO

1961年8月11日生まれ、東京都出身。ヴィジュアリスト／映画監督。高校時代から映画制作を始め、ぴあフィルムフェスティバルほか数々のコンクールで受賞。81年、8mm作品『MOMENT』で話題になる。85年『星くず兄弟の伝説』で商業映画監督デビュー。91年ドキュメンタリー『黒澤明・映画の秘密』を演出。99年映画『白痴』でヴェネチア国際映画祭招待・デジタルアワード受賞。テレビアニメ「ブラック・ジャック」で2006年東京アニメアワードのテレビ部門優秀作品賞受賞。映像作品以外では、95年富士通のPCソフト『TEO～もうひとつの地球』をプロデュース。19か国で50万本のヒットとなる。01年「東アジア競技大会大阪大会」開会式の総合演出。浦沢直樹のマンガ『PLUTO』の監修を行う。AIを使って手塚治虫の漫画を描いた「TEZUKA2020」プロジェクトではクリエイティブリーダーを務める。宝塚市立手塚治虫記念館名誉館長など、手塚治虫遺族としても活動している。著作に「父・手塚治虫の素顔」(新潮社)他。

# CAST

## 美倉洋介　稲垣吾郎
## INAGAKI GORO

1973年12月8日生まれ、東京都出身。91年CDデビュー。2018年4月に公開された主演映画『クソ野郎と美しき世界』(園子温監督、山内ケンジ監督、太田光監督、児玉裕一監督)が2週間限定上映ながら28万人を超える動員を記録。近年では、19年に主演映画『半世界』(阪本順治監督)が公開されたほか、舞台では「君の輝く夜に～ FREETIME, SHOW TIME～」(19)、好評につき今年赤坂ACTシアターにて再々上演が決定した「No.9－不滅の旋律－」などに出演。レギュラー番組では、NHK「不可避研究中」、TOKYO FM「THE TRAD」、文化放送「編集長 稲垣吾郎」、AbemaTV「7.2 新しい別の窓」などがある。

## ぱるぽら　二階堂ふみ
## NIKAIDO FUMI

1994年9月21日生まれ、沖縄県出身。2009年、『ガマの油』(役所広司監督)でスクリーンデビュー。以降の主な出演作に映画『ヒミズ』(12/園子温監督)、『私の男』(14/熊切和嘉監督)、『リバーズ・エッジ』(18/行定勲監督)、『翔んで埼玉』(19/武内英樹監督)、『人間失格　太宰治と3人の女たち』(19/蜷川実花監督)、大河ドラマ「軍師官兵衛」(14/NHK)、「西郷どん」(18/NHK)、「この世界の片隅に」(18/TBS)、「ストロベリーナイト・サーガ」(19/フジテレビ)、など。また、最近は文筆やカメラマンの仕事にも精力的に取り組んでいる。20年3月30日スタートのNHK連続テレビ小説「エール」にヒロイン関内音役で出演。

# CAST

## 四谷弘行　渋川清彦
## SHIBUKAWA KIYOHIKO

1974年7月2日生まれ、群馬県渋川市出身。98年の『ポルノスター』（豊田利晃監督）で映画デビュー。主な映画出演作は、『お盆の弟』（15/ 大崎章監督）、『モーターズ』（15/ 渡辺大知監督）、『下衆の愛』（16/ 内田英治監督）、『追憶』（17/ 降旗康男監督）、『榎田貿易堂』（18/ 飯塚健監督）、『ルームロンダリング』（18/ 片桐健滋監督）、『菊とギロチン』（18/ 瀬々敬久監督）、『高崎グラフィティ。』（18/ 川島直人監督）、『泣き虫しょったんの奇跡』（18/ 豊田利晃監督）。『半世界』（19/ 阪本順治監督）、『閉鎖病棟 －それぞれの朝－』（19/ 平山秀幸監督）の2作品で第32回日刊スポーツ映画大賞・助演男優賞、第34回高崎映画祭 最優秀助演男優賞を受賞。

## 甲斐加奈子　石橋静河
## ISHIBASHI SHIZUKA

1994年7月8日生まれ、東京都出身。15歳から4年間のバレエ留学より帰国後、2015年の舞台「銀河鉄道の夜 2015」で俳優デビュー。初主演作『映画 夜空はいつでも最高密度の青色だ』（17/ 石井裕也監督）で第60回ブルーリボン賞新人賞をはじめ数多くの新人賞を受賞。ほか出演作に映画『きみの鳥はうたえる』（18/ 三宅唱監督）、『人数の町』（20/ 荒木伸二監督）、舞台「神の子」（20/ 赤堀雅秋演出）など。20年4月、赤名リカ役を務めたドラマ「東京ラブストーリー」が FOD・Amazon Prime Video で配信。

## 里見志賀子　美波
## MINAMI

1986年9月22日生まれ、東京都出身。深作欣二監督作品・映画『バトル・ロワイアル』（00）で映画デビュー。映画、TV、舞台、CM と多岐にわたり日本で活躍し、近年では絵画の創作も行っている。2015年には、文化庁「新進芸術家海外研修制度研修員」のメンバーに選出され、フランス・パリのジャック・ルコック国際演劇学校に1年間在籍。現在は、日本、フランス、アメリカを拠点に活動中。第70回ベルリン国際映画祭でワールドプレミア上映された映画『ミナマタ』（21/ アンドリュー・レヴィタス）に出演。

## 里見権八郎　大谷亮介
## OTANI RYOSUKE

1954年 3月18日生まれ、兵庫県出身。86年「役者集団東京壱組」を旗揚げし、解散後は 2001年「劇団壱組印」を旗揚げ。三軒茶屋婦人会にも参加。舞台演出も多数手掛ける。91年に第26回紀伊國屋演劇賞個人賞受賞。近年の出演作に舞台「イヌの仇討」(17･20/ 井上ひさし作、東憲司演出)や舞台「All My Sons」(20/ 詩森ろば演出)がある他、映画『純平、考え直せ』(18/ 森岡利行監督)、『ダンスウィズミー』(19/ 矢口史靖監督)、大河ドラマ「いだてん」(19/NHK)、「ストロベリーナイト・サーガ」(19/ フジテレビ)などに出演。

## 須方まなめ　片山萌美
## KATAYAMA MOEMI

1990年 10月1日生まれ、東京都出身。ドラマや舞台、映画で活躍。2012年ミス日本ネイチャー、第 25 回ワールド・ミス・ユニバーシティ・コンテスト日本代表に輝く。近年のドラマ出演作に、大河ドラマ「いだてん」(19/NHK)、「おっさんずラブ -in the sky-」(19/ テレビ朝日)、スペシャル時代劇「十三人の刺客」(20/NHK)などがある他、映画出演作に『万引き家族』(18/ 是枝裕和監督)、『富美子の足』(18/ ウエダアツシ監督)、『いなくなれ、群青』(19/ 柳明菜監督)、『銃 2020』(20/ 武正晴監督)などがある。

## 紫藤一成　ISSAY
## ISSAY

静岡県出身。1984年に結成し翌 85年にデビューした DER ZIBET(デルジベット)のヴォーカルを務める。85年公開の手塚眞監督作品『星くず兄弟の伝説』で映画デビュー。この時、プロデューサーであった近田春夫氏に見初められ、DER ZIBET デビューへとつながる。DER ZIBET は他のどんなバンドとも違う圧倒的なオリジナリティで独自の地位を築く。退廃的な詩の世界観や、ジャンルにとらわれない多様な音楽性に彩られた、独創的な美学を持ち、後のヴィジュアル系と呼ばれるバンドにも大きな影響を与えている。

## ムネーモシュネー　渡辺えり
## WATANABE ERI

1955 年 1 月 5 日生まれ、山形県出身。劇作家、演出家、女優。舞台に映画、テレビ、音楽活動など幅広く活躍。78 年に「劇団 3○○(さんじゅうまる)」を結成。98 年の解散後、現在は、「オフィス 3○○」を主宰し、意欲作を発表している。2019 年より、日本劇作家協会会長に就任。劇作家としては、83 年「ゲゲゲのげ 逢魔が時に揺れるブランコ」で岸田國士戯曲賞、87 年「瞼の女　まだ見ぬ海からの手紙」で紀伊國屋演劇賞を受賞した。近年の出演作に『カツベン！』(19/ 周防正行監督)、『ロマンスドール』(20/ タナダユキ監督)、『海辺の映画館 －キネマの玉手箱』(20/ 大林宣彦監督)がある。

# STAFF

## 撮影監督
## クリストファー・ドイル
## CHRISTOPHER DOYLE

1952年5月2日生まれ、オーストラリア・シドニー出身。幼年期に日本文学を多読し、18歳から商船員、石油採掘などの仕事に就いた後、中国にて映画撮影の仕事を始める。ウォン・カーウァイ監督作品のスタイリッシュな画面構成や色彩設計で有名になり、人気を得る。各国映画祭で60の受賞および30のノミネートという実績があり、94年『楽園の瑕』ではヴェネチア国際映画祭で金オゼッラ賞（撮影）を受賞。2000年『花様年華』ではカンヌ国際映画祭高等技術院賞を受賞している。アジアのみならずハリウッドの大作映画の撮影も手掛ける。ガス・ヴァン・サント、チャン・イーモウ、ジム・ジャームッシュ監督作品などに参加している。自身の監督作として、浅野忠信主演の『孔雀 KUJAKU』(98)、『パリ、ジュテーム』(06) の一篇『ショワジー門』などがある。近年、オダギリジョーの初長編監督作『ある船頭の話』(19) で撮影監督を務める。

## 原作
## 手塚治虫
## TEZUKA OSAMU

1928年11月3日、大阪府出身。開放的な家庭で、昆虫をこよなく愛し、機智に富んだ想像力豊かな少年に育つ。戦争体験から生命の尊さを深く知り、医学の道を志すも、一番望んだ漫画家、アニメーション作家の職業を選ぶ。手塚が創作した漫画とアニメーションは、第2次世界大戦後の日本の青少年の精神形成の過程に計り知れない役割を果たした。それまでの日本の漫画の概念を変え、数々の新しい表現方法でストーリー漫画を確立、漫画を魅力的な芸術にし、文学や映画など様々なジャンルに影響を与える。同時に TV アニメーションにおいても大きな足跡を残す。主な作品に、日本初の長編 TV アニメーションシリーズ「鉄腕アトム」、長編 TV カラーアニメーションシリーズ「ジャングル大帝」、2時間 TV アニメの「バンダーブック」などがあり、アニメーションを大衆に深く浸透させた。手塚の作品は、世界中の子供達の夢を育み、同時に大人向けの漫画や長編アニメの制作など、あらゆる可能性にチャレンジし、彼の功績は、国際的にも大きな評価を得ている。彼の全ての作品には、手塚の永遠のテーマである生命の尊さが貫かれている。89年2月9日、その60年の生涯を閉じ、今もなお彼の功績は生き続けている。

脚本　黒沢久子
KUROSAWA HISAKO

新潟でアナウンサーとして3年勤務の後、シナリオ作家協会のシナリオ講座を受講。荒井晴彦に師事し助手として脚本に携わる。以降、映画、テレビなどで活躍。主な作品に『キャタピラー』(10/若松孝二監督)、『海燕ホテル・ブルー』(12)、『四十九日のレシピ』(13/タナダユキ監督)、Amazon Prime作品『東京女子図鑑』(17)、『花芯』(16/安藤尋監督)などがある。

美術統括　磯見俊裕
ISOMI TOSHIHIRO

1957年生まれ。大学卒業後、様々な職業を経て、舞台美術・監督を手掛けるようになる。その後、映画美術担当として多くの映画に参加。主な作品には是枝裕和監督の『ワンダフルライフ』(99)『誰も知らない』(04)『花よりもなほ』(06)『歩いても　歩いても』(08)、石井岳龍監督『ユメノ銀河』(97)『五条霊戦記GOJOE』(00)、崔洋一監督『刑務所の中』(02)『血と骨』(04)、『美しい夏キリシマ』(03/黒木和雄監督)、『バトル・ロワイアルII』(03/深作欣二監督/深作健太監督)、『殯の森』(07/河瀬直美監督)、『転々』(07/三木聡監督)、『ぐるりのこと。』(08/橋口亮輔監督)などがある。なお、手塚眞監督作品では『NUMANiTE』(95)『白痴』(99)『実験映画』(00)『ブラックキス』(04)を手がけている。

扮装統括　柘植伊佐夫
TSUGE ISAO

1960年生まれ。手塚眞監督『白痴』(99)、塚本晋也監督『双生児』(99)、庵野秀明監督『式日』(00)でヘアメイク監督、レオス・カラックス監督『メルド』(08)、滝田洋二郎監督『おくりびと』(08)などのビューティディレクションを担当。2008年以降、作中のキャラクター像を総合的に生み出す「人物デザイン」というジャンルを開拓。主な作品に、NHK大河ドラマ「龍馬伝」(10)「平清盛」(12)、NHK大河ファンタジー「精霊の守り人」全シリーズ(16〜)、NHKスペシャルドラマ「ストレンジャー〜上海の芥川龍之介〜」(19)、映画『十三人の刺客』(10/三池崇史監督)、『シン・ゴジラ』(16/庵野秀明監督)、『翔んで埼玉』(19/武内英樹監督)など。待機作として初プロデュース作品『完全なる飼育étude』(20)がある。著作に「龍馬デザイン。」(幻冬舎)、「さよならヴァニティー」(講談社)、受賞歴に第30回毎日ファッション大賞/鯨岡阿美子賞、第9回アジア・フィルム・アワード優秀衣装デザイン賞など多数。

音楽　橋本一子
HASHIMOTO ICHIKO

神戸生まれ。武蔵野音楽大学ピアノ科卒業。在学時より音楽活動を始める。ノンジャンルでカテゴライズされない独自の音楽で作曲、演奏活動する。常に音楽界の先端を走り続け、海外での活動も含めその音楽性は高く評価されている。80年に、YMO「テクノポリス2000-20」へのゲスト参加をはじめ、高橋悠治、菊地成孔、手塚眞など内外の多彩なアーティストとノンジャンルに共演をかさねる。その他、映画やヴィデオのサウンドトラックやCM音楽、アーティストプロデュース、アレンジも多数手がける。

# INTRODUCTION

手塚治虫による『ばるぼら』は大人向け漫画として、1973年7月10日号から1974年5月25日号まで『ビッグコミック』（小学館）で連載されていた。

『鉄腕アトム』や『ブラック・ジャック』『火の鳥』など、一般大衆向けの商業漫画やアニメを量産し続け、世界に愛される〝漫画の神様〟手塚治虫。その心の深層部分が『ばるぼら』には潜んでいるのではないかと、連載発表当時は手塚治虫マニアでさえ驚愕した。一部の読者からは、主人公の美倉は手塚治虫自身がモデルではないかと推測されている。

禁断の愛と純愛の境界線、芸術と娯楽の葛藤など相反するいくつもの主題が折り重なって進んでいく、大人の幻想物語『ばるぼら』はこれまで、数ある手塚原作の中でも実写映画化は不可能だと言われ続けていた。

ところが、2018年11月20日、手塚治虫生誕90周年を記念するパーティーでのことだった。その席で手塚治虫の実子・手塚眞が驚きの発表をする。

美倉洋介に稲垣吾郎、ばるぼらに二階堂ふみを起用。自身が監督して『ばるぼら』を映画化すると宣言したのだ。

手塚眞は『白痴』（1999年ヴェネチア国際映画祭デジタルアワード受賞）『ブラックキス』（2006年東京国際映画祭）などを手がけ、独特の映像感覚で知られるヴィジュアリスト。

そして、稲垣吾郎と二階堂ふみ、手塚眞につづくさらなるサプライズとして、撮影監督にクリストファー・ドイルの参加を発表。ウォン・カーウァイ監督をはじめとする世界的に有名な監督たちの作品に取り入れられている独特な映像スタイルで知られる、天才カメラマンである。

共演陣には国内外で活躍する豪華俳優陣が集結。ここに世界最高水準のアート・シネマが完成した。

# STORY

人気小説家・美倉洋介は、華やかな地位と名声を手にしつつも、どこか何か物足りない日々をやり過ごしていた。実は彼は、誰にも言えない悩みを抱えていた。

街のショーウィンドウに立つマネキンや、自分の許婚が飼っている犬にさえも、幻覚を見るように欲情してしまうのだった。

ある夜、美倉は、街の片隅で薄汚れたコートを羽織って道に寝転んでいる、酔っ払いの女の存在に気づく。思いがけず彼女を連れて家に帰った美倉だったが、それ以来、彼女がいることで、不思議と創作意欲が湧き上がってくるのだった。

常に酒を片手にぶらぶら彷徨い、時に恥じらいなく服を脱ぎ捨てる、まさに天衣無縫なばるぼら。そんなばるぼらが横にいてくれるだけで、美倉は自らの感覚が冴え渡り、次々と文章を創り出すことができるのだった。

もはや、お互いに離れることができなくなった美倉とばるぼらは、結婚式をあげることを誓うも、二人を引き裂くように結婚式は中断。それ以来、ばるぼらは美倉の元から忽然と消えてしまうのだった。

ばるぼらという創造の女神（ミューズ）を失ってしまった美倉は廃人同然となり、生きる気力さえも失ってしまったが、ひょんなことからばるぼらに再会。二人は、禁断の愛の逃避行を企てるのだった……。

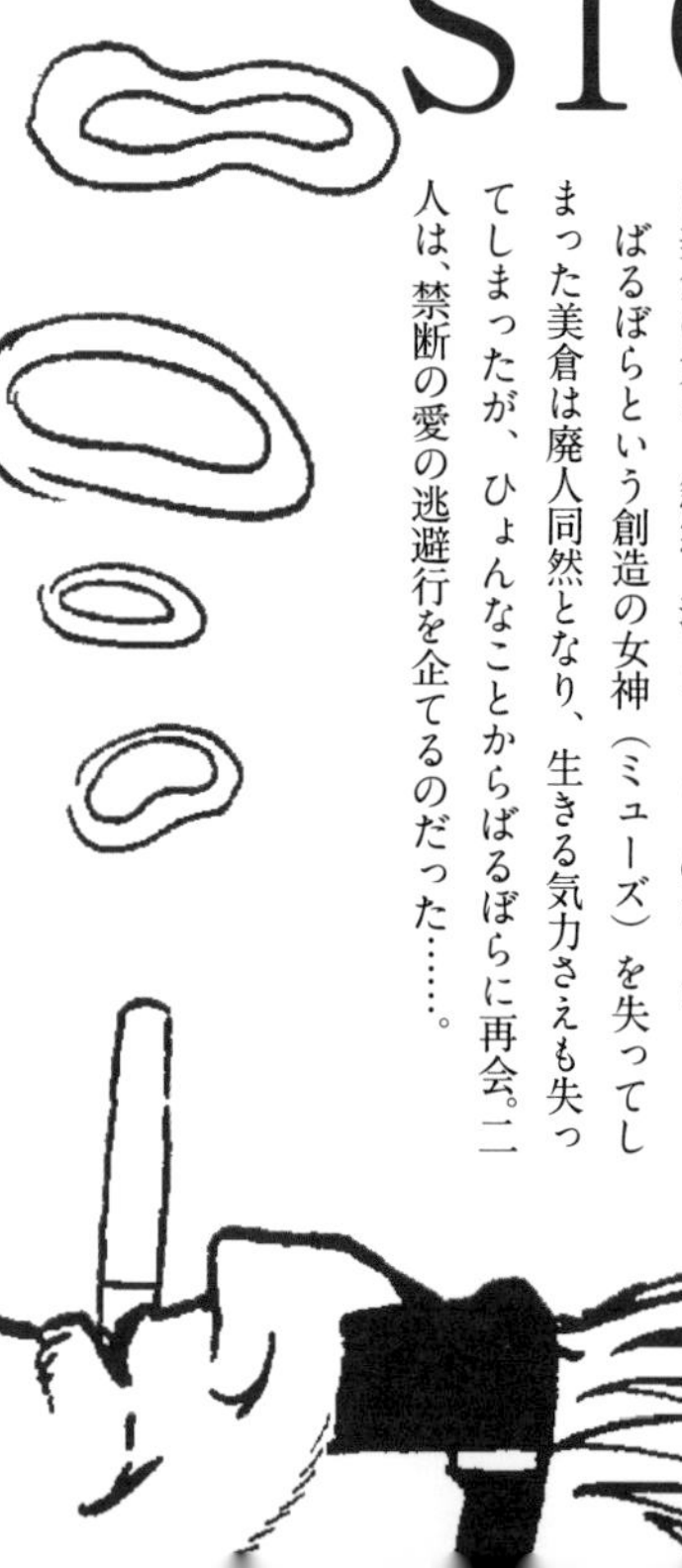

BARBORA style of lighting Date 2018/ /
Scene "Dark & Shadow" No.
cut dialogue image
even daytime, under sunshine, it's dark.
highlight is low tone (low key)
sometimes actor is silhouette. (in shadow)
BARBORA
Scene Extreme Flaming Example
cut dialogue image
not center
Big Empty
Trimming Image
focus off
Very Close Up.
eye, rip, ext
Shoes.
NEONTE
Date 2018.
passerby
※ cut back many document shots
UP + C.UP
Long Shot
Silence
CAN UP
NEONTE
BARBORA
Scene 63 No. 2
cut dialogue image
6 洋介「わかってる お前のしたいことは……」 ばるぼらと眼を合わせる洋介。アップ。
7 服を脱ぐ洋介。ばるぼらを抱く。
8 洋介「王子様のロヅけで眼を覚ませ」 洋介、ばるぼらにロヅけする。
9 洋介、ばるぼらとSEXしようとする。
10 洋介「ばるぼら…… 眼を覚ませ…… ばるぼら……」 そのアップ。 洋介、ひとりで絶頂を迎える。
NEONTETRA
Scene 31 街路・夜 No. 1
cut dialogue image
1 街路を歩いてくる加奈子。
2 スマホの画面、呪いの人形解説ページ C.UP
3 角から一歩出たところでヘッドライトの光を浴びる。 ※クラクション、ブレーキ音 UP
4 FX トラック、急ブレーキかけるが間に合わず、加奈子をはねる。 ガン!
当たった瞬間でカットアウト。
NEONTETRA
Date 2018.
Scene 1
cut dialogue image
passerby.
other person's foot
Long Shot
Yosuke Coming
Tele
Yosuke's foot
Low angle
Long shot
Low angle
NEONTE

# FROM Comic to Movie

『ばるぼら』の主人公、耽美派の人気小説家・美倉洋介の苦悩は、手塚治虫本人の葛藤の投影なのでは——これは連載当時から言われていたことだ。

1966年には狼男の少年を主人公にした怪奇漫画『バンパイヤ』、つづいて妖怪に奪われた手足や、全身の部位を取り戻す剣士の時代劇『どろろ』を『週刊少年サンデー』で連載している。

しかしつづく『ノーマン』『鬼丸大将』『ダスト18』の人気はふるわない——。追い打ちをかけるように1973年、手塚が経営していたアニメ制作会社・虫プロダクションと版権・出版を扱っていた虫プロ商事が倒産。多額の負債を抱えることになる。

そんなどん底の中、『ばるぼら』の連載は開始された。

最悪の心理状態だったであろう手塚が描いた『ばるぼら』の主人公、小説家・美倉はベストセラーを連発。まさに時代の寵児と言えるほどの人気だ。商業的な大成功を収めながらも美倉は、本当の芸術を追い求めていた。

そしてまた、異常性欲に駆られ、時に常軌を逸した行為に及んでしまう自分を、持て余してもいたのだ。

内側からこみ上げてくる異常性欲を創作というかたちで吐き出さなければ、狂人に転落してしまう。美倉は恐怖におびえていた。

そんな美倉洋介というキャラクターを生み出した手塚治虫は生涯、異常な創作欲に突き動かされ、60年の人生を駆け抜けた。

欲望をエネルギーに転化して、とにかく手塚は、描いて描いて、描きまくった。

汲めども尽きぬアイディアを、マンガというかたちで表現した。

そんな父が生んだ物語を息子は映画で、どう解釈したのだろう?

稲垣吾郎が演じる美倉はたぎる欲望を、サングラスと涼し気な表情の内側に閉じ込めている。

漫画よりずっと、低体温のようだ。

二階堂ふみが演じるばるぼらはどうだろう?

漫画のばるぼらは、生活臭をまとっていた。大阪の売春婦だったりヌードモデルだったり、アフリカの亡命作家の同居人だったりもして。

そして漫画らしくコミカルに表情を変え、「オーバーアクト」してもいた。

それに対して映画のばるぼら＝二階堂ふみはただ静かに、当たり前みたいに路上に座っていて、ついには山荘で死に向かっていく。

手塚治虫がペンで描いたばるぼらよりずっと、静かだ。

霞《かすみ》のように掴みどころがなく、だから追っても追っても美倉の手から、すり抜けていく。

漫画よりもっとまぼろしみたいな映画を、手塚眞は作り上げてしまったのだ。

# ABOUT Shinjuku City

手塚治虫の『ばるぼら』が連載されていた当時の1973〜74年。

1968年をピークに、新宿を中心とする「変革を求めての熱狂」は風化しつつあった。

芸術や政治が混沌としたままぶつかり合っていたかつての街の姿は、まぼろしだったかのように。

1971年、淀橋浄水場の跡地に京王プラザホテル本館が建った。つづけて新宿住友ビル、国際通信センタービル（現KDDIビル）、新宿三井ビルなど超高層ビルが林立するようになる。新宿駅西口地下広場、東口の地下街新宿サブナードが発展する。新宿は急速に「副都心化」していった。そして、そんな変化する街の表情をも、手塚治虫の原作漫画は描いていたのだ。

それに対して映画『ばるぼら』は、これがいつの物語なのか、はっきり時代を特定してはいない。

いまの新宿のようだけれど、そうでないようにも見える。

かつての街の記憶が堆積しているようにも感じられる。

それが観る者の時空感覚を狂わせるのだ。

監督・手塚眞は2006年公開の『ブラックキス』を新宿・大久保でロケし、連続する異常殺人を描いた。そして今作でも手塚は、実際の新宿で撮影することにこだわったという。

稲垣吾郎の美倉洋介、二階堂ふみのばるぼらを街に、全身で、飛び込ませてやれ。そうすれば新宿は、手塚治虫の『ばるぼら』の世界、甘美で退廃的なテヅカ・ワールドになる——「漫画の神様の子」手塚眞はそう、信じていたのだろう。

BARBORA
Date 2018/5/10
Scene 63 山荘の中
No. 1
cut
dialogue
image
1
ばるぼら、人形のように座っている。
窓からの光。室内も霧。
2
洋介、腐った食物を食べる。吐き出す。
3
ばるぼら、アップ。ガラス玉のような眼。
霧。
4
洋介「面白いか、ばるぼら。なにを笑ってるんだ」
5
洋介、立上り、ばるぼらの元へ歩み寄る。
霧
BARBORA
Date 2018/5/10
Scene 40 結婚式・式場
No.
祭壇の前のばるぼら。身体前にホウキを持っている。
そのアップ。
洋介とばるぼら 2ショット。基本的にこのサイズ。
BARBORA
Date 2018/
Scene Extra Shots #51B
#51C
Girls
Dolly
Dark
Priest
Dark
#45A
Yosuke C. up.
NEONTETRA
BAR
BARBORA
Scene 5
#5
#6
BARBORA Style
"Dark & Shadow"
even daytime, under sunshine, it's dark.
highlight is low tone (low key)
sometimes actor is silhouette (in shadow)
something shadow put on the actor
shadow put on background.
NEONTETRA
Date 2018/5/10
No. 2
眼を
る洋介。
洋介。
を抱く。
ばるぼらに
する。
で眼を覚ませ」
9
洋介、ばるぼらとSEXしようとする。
10
洋介「ばるぼら… 眼を覚ませ… ばるぼら…」
そのアップ。
洋介、ひとりで絶頂を迎える。
NEONTETRA

撮影：丸山尚　(有)アーネスト

NAGAI GO
永井 豪

1945年生まれ、石川県輪島市出身。漫画家。1967年、『目明しポリ吉』でデビュー。代表作に『ハレンチ学園』『あばしり一家』『デビルマン』『マジンガーZ』『キューティーハニー』など。1980年、『凄ノ王』により第4回講談社漫画賞を受賞している。

戦後間もない1947年。手塚治虫が描き下ろした200ページの長編漫画『新寶島』は、少年たちのこころを文字通り鷲掴みにした。むさぼるようにページをめくり、物語の世界に没入する。そんな中に当時少年だった、永井豪もいた。手塚漫画を兄弟と奪い合い、その画を模写しまくる。性の芽生えは『リボンの騎士』のサファイアの胸元だった――のちに『ハレンチ学園』『あばしり一家』『デビルマン』『マジンガーZ』『キューティーハニー』などの快作を発表していく永井豪は、典型的な手塚チルドレンだったのだ。そんな永井が今回、『ばるぼら』をアレンジした漫画を、オリジナルが連載されていた『ビッグコミック』誌上で発表。実写映画で父の漫画をリメイクした手塚眞監督、同じ漫画という表現で再解釈した永井豪。二人の異才の対談が実現した。

# SPECIAL DIALOGUE

## 特別対談：手塚眞 × 永井豪

# 手塚眞の『ばるぼら』と、永井豪の『ばるぼら』

取材・文＝平田真人

TEZKA MACOTO

**手塚 眞**

1961 年生まれ、東京都出身。ヴィジュアリスト／映画監督。株式会社手塚プロダクション取締役として、永井豪による手塚治虫漫画のアレンジ、『魔神王ガロン』『どろろとえん魔くん』を監修している。

# 手塚治虫と主人公・美倉洋介の葛藤

**――映画『ばるぼら』公開と同タイミングで、永井先生版『ばるぼら』も読み切りで『ビッグコミック』に掲載されるということで、ざっくばらんにお話ししていただこうと思います。**

**永井** 手塚（治虫）先生が『ばるぼら』の連載を始められた頃、実は「先生にはもっと子ども向けの漫画を描いてほしい」と思っていたんですよ。僕自身、子どもの時に先生の『ロストワールド』や『メトロポリス』を読んで育ってきたから、ということもあったからなんですけど、あらためて今『ばるぼら』を読んでみると、当時の先生の葛藤や心境を具現化した作品なんだなということが、すごくよくわかるんです。

美倉という主人公は、それまで金字塔を打ち立ててきた手塚治虫という存在を投影するような、キャラだったんじゃないかなと。手塚先生はすごく正直な方で、その時々の作品からご自身が透けて見えるんですよね。『鉄腕アトム』の頃はご自身も若くてエネルギッシュな精神状態だった。『どろろ』の頃は虫プロも大変で、自分の身体が引き裂かれるような思いだった――というように。

そうやって読んでいくと、大人向けの漫画を新たに描いていく中で抱えた葛藤や苦悩が、孤独でやけっぱちなヒロイン・ばるぼらのボロボロな姿に象徴されていたように思えてならないんです。……どうでしょう？

**手塚** おっしゃるように父親は、転んでもただでは起きないようなところがありました。自分のことはもちろん家族のこと、身のまわりで起きたことを全部、漫画のネタに使っていましたから――（笑）。

**永井** でも、正直ゆえにアイデアが浮かんでくるところが、手塚先生の凄さなんですよ。

**手塚** 永井先生の分析どおり、『ばるぼら』を描いていた頃が一番悩みを抱えていた時期なので、葛藤がそのまま漫画になっているようなところがありますし、描きながらもまだ葛藤している感じも見受けられますね。

**永井** 僕もそう感じました。回を追うごとに物語をどう転がそうかと苦しみながら、新しいジャンルを開拓しなければという思いで、女神（ミューズ）であるとか悪魔の使いみたいなものを採り入れつつ、リアリティーを出そうとされていた葛藤が見えるんです。でも、その苦悶が作品を面白くしていて。今回、眞さんの映画を観て、手塚先生の気持ちをすべて吸収して撮っていかれたんだなというのが伝わってきて、僕はすごく感動しましたよ。

**手塚** ありがとうございます。

## ばるぼらとピノコ

**永井** それと……あの頃の先生は、一度打ち立てた功績を壊したかったんだと僕は思うんですね。ですから、美倉という手塚治虫を象徴するキャラクターを、最後に廃人同然にしてしまうじゃないですか。そうやって一旦、過去の栄光を葬ることによって新しいものを生みだそうと苦心していたのだろう、と。この直後に『ブラック・ジャック』の連載が始まったと記憶しているんですが、『ばるぼら』を描ききったからこそ"BJ"を生み出せたんじゃないかなと、あらためて感じた次第です。

**手塚** 一方で、周りのみなさん――それこそ永井先生の作品や後進の漫画家の方々から、すごく影響を受けているなということが『ばるぼら』からは読みとれますよね。たとえば冒頭、フーテンの話から始まるのは永島慎二先生からの強いインスピレーションが見受けられますし。

ただ、うちの父親はすごくロマンチストですから、ファンタジーや夢物語の方へ話を持っていってしまう。永島先生のように、地を這うようなフーテンの話は描けないんです。最初はフーテンとして出てきたばるぼらが、話が進むにつれミューズになったり魔女の娘になったりして、しまいにはフーテンであったことはどうでもよくなっているという（笑）。本人の資質というのは変えられないんだなというところも面白いですね。

**永井** 僕は、ばるぼらというキャラクターに、『ブラック・ジャック』のピノコの原点がここにあるなと見ていたんです。どうですか？

**手塚** そうですね、僕も原作を読んでいて改めてそう思いました。美倉とばるぼらの関係は、ブラック・ジャックとピノコのそれに受け継がれていったんだな、と。

永井豪による『ばるぼら』

## 手塚漫画の"美しさ"

**――永井先生は映画版『ばるぼら』をご覧になって、どのような感想を抱きましたか？**

**永井** 原作に登場しない人物を配置するなどして、すごく上手にまとめてあるなと思いました。それでいて、キャラクターそれぞれのセンスも損なっていない。あの……これは僕の推測ですが、眞さんとしては手塚先生が過去のご自身を一度滅ぼしたようにはしたくなかったのかな、と読みとったんです。だから、稲垣吾郎さんを原作から出てきたような美倉として描き、ばるぼらもミューズとしてすごく美しい存在として昇華させたのだろう、と。

また、カメラが美しくて。クリストファー・ドイルの映像は本当に素晴らしいですね。

**手塚** きれいすぎるんじゃないか、という感想をおっしゃる方もいるんですが、手塚治虫の作品には"品"があるんですね。絵そのものに品があって、いかに都会の汚れた部分を描いていても、絵柄から自然と品が感じられるんです。ただ、そのまま映像にしてしまうと下品なものになる。『ばるぼら』も描き方を少し変えると、品のないものになりかねない。自分としては最低限、手塚治虫らしい"品"を保てたのではないか、と思っておりますが……。

**永井** とても美しかったです。特に後半の山小屋での照明が素晴らしかった。稲垣さんが夕陽に当たって混乱していくシーンは感情がもろに出ていて、巧いなぁと思いました。

**手塚** 手塚治虫は、頭の中で映画にしながら漫画を描いていたと思うんですね。昔のフランス映画なんかも好きでしたから、そういうニュアンスもあった方が『ばるぼら』という作品には合うかな、と考えまして。日本の新宿が舞台になっていますけど、あえてヨーロッパの雰囲気だったり、アジアの別の街の雰囲気だったり、異国籍の感じを混ぜた方が手塚治虫作品らしいかなというエッセンスを、映画では匂わせているんです。

原作自体は1年間連載していましたから長いストーリーで、どのエピソードも面白くて拾いたかったんですけど、映画は2時間以内にまとめたかったので、涙を呑んで諦めたエピソードが多々あります。ただ、そうやってシンプルにしていったので、見やすくまとまったのではないか、と思っているんです。

## 永井豪、手塚治虫漫画をアレンジする

**――永井先生も『ばるぼら』を読み切りで描くにあたって、エピソードの取捨選択で悩まれたのではないかと思いますが……。**

**永井** 今回、あらためて読み直してみて、ばるぼらがちょっとかわいそうに思えてしまったんです。なので、僕は少しばるぼらを幸せな感じにしてあげたいな、というつもりで描いていきました。今のところ一回読み切りですけど、延ばしてくれたらうれしいんですけどね（笑）。たぶん、僕が連続ものとして描いていくと悪魔的な要素がふくらんでいくんじゃないかと担当（編集者）が心配して、読み切りにしたのだろう、と。

それはさておき手塚先生は美倉の職業を小説家にしていましたけど、僕はばるぼらのヌードを最初から出したかったので、画家という設定に変えました。それならば名前も……似たようなニュアンスを感じられるようにしようと考えて、"三田村恭介"とアレンジを加えています。

**手塚** 永井先生は過去に2回、手塚治虫の原作をアレンジした作品を描かれていて、私が、監修をさせていただきました。最初が『魔神王ガロン』でしたね。

**永井** いやぁ、『魔神王ガロン』では眞さんにちょっと怒られましてね（笑）。僕としては手塚先生の作品を新たな解釈で描くことができるのがすごくうれしくて、だからこそただの模倣にしたくなくて、（手塚作品の悪役の代表的存在である）ランプを女性にしてみたり、いわゆる配役を変えてみたんです。僕としては大真面目に考えて描いたつもりだったんですけど、眞さんや一部のファンの方に「手塚作品をおちょくっているんじゃないか!?」と思わせてしまって。どうも僕は人とは感性が違っているところがあるんですけど、そこは深く反省をしまして……。

**手塚** その後で、『どろろとえん魔くん』という作品を描いていただいて。最初は覚悟して読み始めたんですけど（笑）、おそらく先生は『魔神王ガロン』の時の反応を意識されたのか、ずいぶん控えめな印象を受けたんです。なので、僕は「先生、もっと暴れてください」とお伝えしました。そしたら、後半はかなりスゴいことになっていって――。

**永井** 手塚先生のキャラはあまり手を加えず、自分のキャラをいじろうというところで違いを出そうと思ったんです。ただ、僕としては少年誌で描きたかったんですよ。そうすれば、手塚先生の『どろろ』の延長線上で物語をストレートに描けるなと思ったもので。そしたら、大人向けの『漫画ゴラク』で連載することになりましてね。それならエロを足さないと読んでもらえないだろう、と（笑）。

**手塚** 途中からどんどんエロの要素が強くなっていきましたよね（笑）。今回の『ばるぼら』は『ビッグコミック』でしたが、はたして先生はどっちの路線でくるかな……と期待と不安が半々だったんですけど、驚いたことにすごくシンプルで、上品な『ばるぼら』を描いてくださっていて。もちろん裸は出てくるんですけど、全然いやらしくなくて、胸をなで下ろしたというところがあります。

**永井** やはり手塚先生のミューズですから、ヘタに汚したくないという思いがありました。

**手塚** 永井先生は、ばるぼらのようなミューズと実際に出会ったことはありますか？

**永井** 小学生の時から外国映画が好きで、当時よく上映されていたヨーロッパ映画を観ては、フランソワーズ・アルヌールや『芽ばえ』（1957）のジャクリーヌ・ササールといった女優さんたちに魅了されていました。でも、ミューズとなると……そうですね、一応うちの奥さんということにしておきます（笑）。

# 僕の好きな新宿で父の物語を、いま語ってみたいと思った

取材・文＝平嶋洋一

手塚治虫の創作活動は、異常なまでにエネルギッシュだった。１９８９年、60歳で早すぎる死を迎えるまで、約15万枚もの漫画を描いたと言われている。

『ジャングル大帝』『鉄腕アトム』『リボンの騎士』『火の鳥』『どろろ』『ブッダ』『ブラック・ジャック』『三つ目がとおる』『陽だまりの樹』『アドルフに告ぐ』……数々の名作漫画を手塚は生み出したが、実写映画化された作品は意外に多くはない。『瞳の中の訪問者』（１９７７）『火の鳥』（１９７８）『ガラスの脳』（２０００）『どろろ』（２００７）『MW―ムウ―』（２００９）、それらにつづく作品として『ばるぼら』は、実息・手塚眞の手で映画化された。

手塚眞は２０１９年10月に刊行された角川文庫版の解説に、こう記している。

**『ばるぼら』は奇妙な魅力を持った作品だ。奇怪な、と言い換えてもいい。そしてマンガのクライマックス、霧に包まれた山荘の中、美倉は浅ましく無意味な男となり果てながら、それでも相手の影を慕い、ことばを紡ぐことで必死に理性をよみがえらせようとしている。その様が痛々しい。これが神に対する人間の姿なのか。**

「漫画の神様」が描いた売れっ子小説家と彼を翻弄する女の運命を、息子はどう解釈したのだろう――。

# INTERVIEW

## 手塚眞監督インタビュー

### ロマンスと現実

**――監督のお父さんで本作の原作者でもある手塚治虫は、オッフェンバック作のオペラ『ホフマン物語』を原作に、マイケル・パウエルとエメリック・プレスバーガーが監督した1951年のバレエ映画を、大変気に入っていたそうですね。**

まず父はヌーヴェル・ヴァーグが席巻する前のヨーロッパの映画に、強い憧れを抱いていました。たとえば『巴里の屋根の下』（1930）『ル・ミリオン』（1931）『自由を我等に』（1931）『巴里祭』（1933）のルネ・クレールとか、『望郷』（1937）『舞踏会の手帖』（1937）のジュリアン・デュヴィヴィエといった監督たちの映画に対して、ですね。

そのような映画に惹かれていったのは、宝塚というモダンな街に生まれ育ったってことも、大きかったんだと思います。阪急電鉄の創始者の小林一三が沿線開発の目玉として創設した宝塚歌劇団は、日本ではじめてミュージカルとレビューを上演しています。

マイケル・パウエルとエメリック・プレスバーガーの『ホフマン物語』に関してですが、あの映画は非常にロマンティックであると同時に、人生に対する苦さみたいなものが表現されていますよね。哀切な、男のつらさみたいな部分っていうのが出ている。それと、そのファンタスティックな部分というもののバランスに、手塚は魅了されたんじゃないでしょうか。

**――それが、『ばるぼら』の世界にどう繋がっていると考えたのでしょうか？**

構想の時点ではそれこそ『ホフマン物語』のようにファンタスティックでロマンティックな、そしてちょっと悲しい男の話をやろうとしていたんだと思うんです。でも連載漫画って、描きながら並行して物語を作っていかなきゃいけないわけですよね。その過程で物語はどんどん変わってくる。その変貌ぶりが一番激しい漫画だったんじゃないかなと。

それはたぶん、本人が迷走していたという以上に、当時の世の中がそうだったんだと思うんです。60年代の終わりから70年代のあたまの日本の社会はどこか落ち着きがなく、漠然とした不安を抱えていた。

そんな時代に手塚の中で、対照的な想像力が葛藤している。幼少時からのロマンティックな世界への憧れを圧《お》し殺してでも、シビアな現実に目を見据えなければいけないんじゃないか。その折り合いをどうつけるのか。

物語は「都会が何千万という人間をのみ込んで消化し………たれ流した排泄物のような女――それがばるぼら」というナレーションから始まります。新宿近辺の街並みと薄汚い地下構内、汗と埃に塗《まみ》れたような場所から。

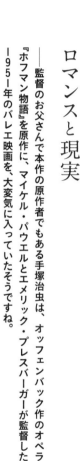

**——その「排泄物のような」というナレーションですが、原作では美倉とばるぼらが、それこそパリの地下に流れているような下水道で逃避行を繰り広げています。**

あれは『第三の男』（１９４９）なんでしょうね。ジョゼフ・コットンとオーソン・ウェルズが銃撃戦をする、あの地下水道を連想させます。『第三の男』を製作したのは『ホフマン物語』と同じ、アレクサンダー・コルダですし。

## オカルトとヴードゥーの呪い

『ビッグコミック』に『ばるぼら』が連載されたのが、１９７３年の７月から翌１９７４年の５月にかけて。『ローズマリーの赤ちゃん』の日本公開が１９６９年、『エクソシスト』が１９７４年、『オーメン』が１９７６年。だから原作は、いわゆる「オカルト映画」が流行りつつある時期に描かれている。１９７４年公開の『ヘルハウス』、悪魔が支配する大邸宅を舞台にした映画ですが、父と一緒にこの映画を観に行ったのを覚えています。

『ばるぼら』の原作では西洋の黒魔術と中南米のヴードゥーが、あえて意図的にかも知れませんが、混同されています。僕は２００４年にサイコサスペンス『ブラックキス』を監督した時、実際にヴードゥーの社会に入った人に話を聞いたり、専門書を漁《あさ》ったりしました。そういった目で原作を読むと、ヴードゥーの扱いが大雑把というか、ちょっとぞんざいというか（笑）。

ヴードゥーの儀式を忠実に描いた映画という意味では、『私はゾンビと歩いた！』（１９４３、日本未公開）、ウェイド・デイヴィスの『蛇と虹―ゾンビの謎に挑む』を映画化したウェス・クレイヴン監督の『ゾンビ伝説』（１９８８）などがあります。

でも１９６８年にロメロの『ナイト・オブ・ザ・リビングデッド』が公開されて、そこからゾンビはヴードゥーの呪いという起源から離れていってしまった。僕なんて見た瞬間に、これはゾンビじゃない！と思ったくらい（笑）。

**——ゾンビ映画という「ジャンル」になっちゃいましたよね。**

だから僕にはすごく、抵抗感がありました。

# INTERVIEW

## 手塚眞監督インタビュー

### 僕の好きな新宿で父の物語を、いま語ってみたいと思った

## 新宿の映画

**——手塚監督自身は、『ホフマン物語』だけではなく、マイケル・パウエルとプレスバーガーの他の映画についても思い入れが強いかなと思うんですけれど。**

僕の場合はやっぱり、彼らの美学ですね。ちょっと独特で、それがすごく好きなんですね。

**——その美学は彼らの映画に一貫してある？**

ええ。でも『血を吸うカメラ』（１９６０）ですごく評価を下げたんですよ。あの時代にしてはあまりにも変態すぎるっていうか（笑）。『黒水仙』（１９４７）では、恋に狂った女がライバルの修道女を、断崖絶壁から突き落とそうとしたりしている。

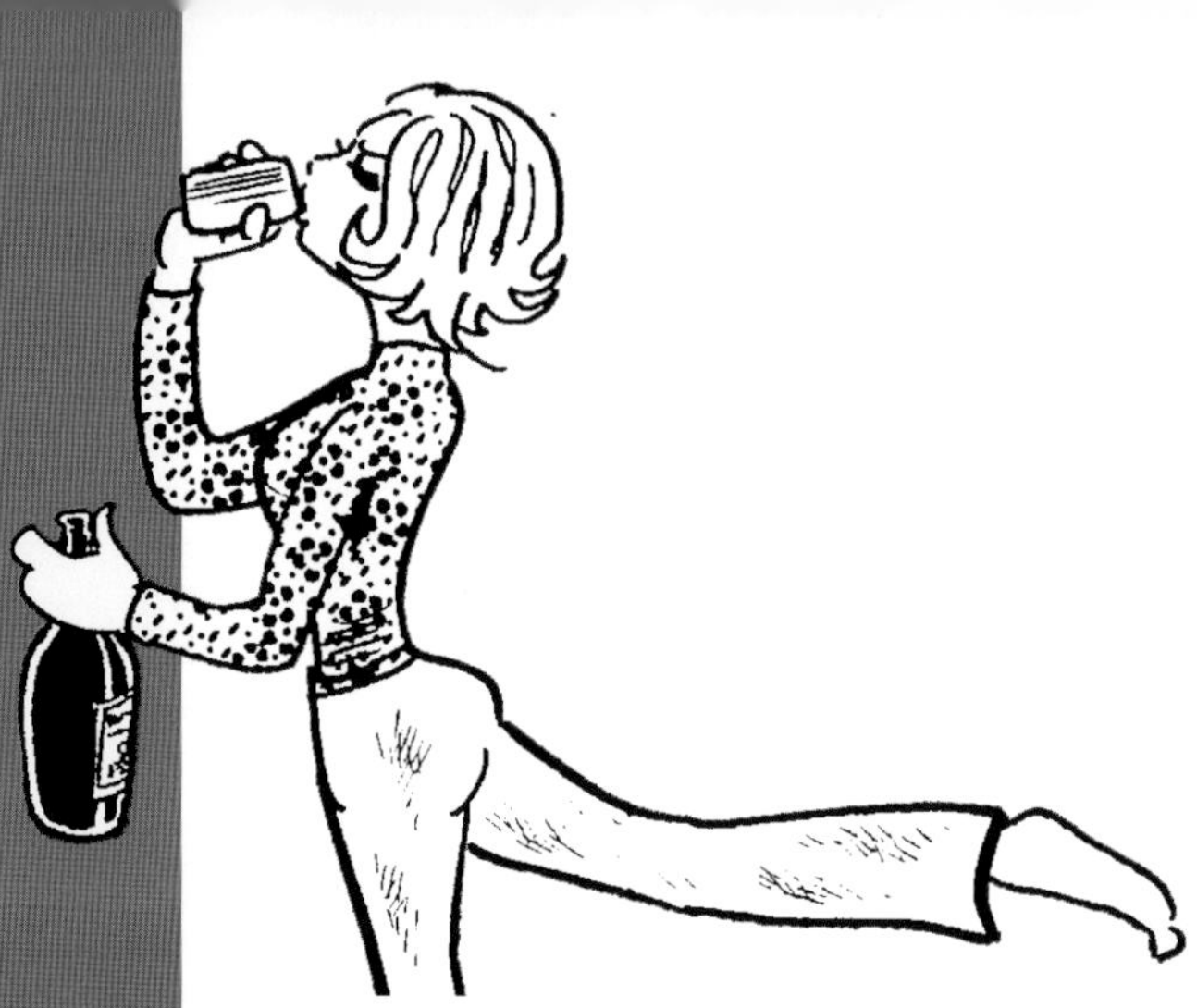

**——『ホフマン物語』の第一話に出てくる人形のバレリーナは、ゼンマイを巻かれると命が吹き込まれ、まるで本物の、生きている女のように踊り始めます。でもそれが切れるとパタッと、それこそ糸が切れたように倒れてしまう——ああいう感性ってかなり、変態だと思うんですけど、監督にもそういう部分があるのではないでしょうか。**

まあそのへんは……自然にやれますね（笑）。自分の感覚のままやればいいんだ、という。

**——『ブラックキス』では刑事の松岡俊介宛に届いた棺の中に、美しい花で飾られた、死ぬ寸前の美女が横たわっている。次の刹那、「いまわの際」の彼女の目が大きく、カッと見開かれる場面とか……。**

『ばるぼら』は『ブラックキス』と同じモチーフを扱っている部分があるんです。舞台も同じ新宿ですし。

『ブラックキス』の撮影はほぼ新宿、それと新大久保の辺り。実景は全部、歌舞伎町近辺です。

今回も新宿の話なので、できる限り新宿近辺で撮ろうと思った。稲垣吾郎さん演じる美倉の住んでいるマンション、あそこも新宿から歩いて行ける距離の場所を探してもらって、実際そこに住んでるような感覚を出した。

僕は新宿という街が、ずっと好きなんです。『星くず兄弟の伝説』（1985）よりも前、まだ学生だった頃に『SPh（エスフィ）』（1983）という映画を作ったことがある。16ミリで1時間ぐらいの作品で、新宿に妖精が現れる話なんです。ゴールデン街とか西口広場辺りも全部、ロケで撮影しました。だから新宿という街でちょっとファンタスティックなことが起きる物語を、僕はずっと撮りつづけてる感じがします。

## ばるぼらがそこにいた

**——手塚治虫は描線がキレイで、それとシリアスな物語の登場人物にも、どことなくユーモラスな面がある。その漫画という表現ならではの手塚治虫の味わいを、実写映画で再現するのは難しいですよね。今回の映画では、主人公の美倉洋介を稲垣吾郎、彼を狂わす謎の女・ばるぼらを二階堂ふみが演じています。**

# INTERVIEW

## 手塚眞監督インタビュー

## 僕の好きな新宿で父の物語を、いま語ってみたいと思った

原作に似てる似てないというよりは、僕は役者としての稲垣さん、二階堂さんがすごく好きですね。彼らの演技の仕方も好きだし、見た目も好きだし。それが二人とも、僕の世界の中の人間になってくれたと思っています。

**――二階堂さんは丸みがある体型で、だから原作のばるぼらと同じように、その中に少女性とエロティシズムが同居しているように、見えました。**

大人でもあり、子どもでもあるような。観念的にも、すごく具象的にも見える。

最初はまるで漫画と違う恰好をさせてみようと思っていたんです。でも扮装統括の柘植伊佐夫さん、彼とは以前『白痴』(1999)でも一緒にやっているんですけど、彼があえて漫画と同じ恰好をさせたい、と提案してきた。それで最初の衣裳合わせの日、原作と同じ、いかにも「フーテン然」とした汚れたコートを着た二階堂さんが、そこにポンと座ったんです。それを見た瞬間、「あ。本当の、生きているばるぼらがここにいる」と思った。

**――最後になりますが……『ばるぼら』の次に実写化したい手塚治虫の漫画は？**

えーと……考えてはいます(笑)。もちろん手塚治虫の原作ものだけじゃなくて、いろんなことやっていきたい。でも逆に言うと、僕の立場だったら、手塚治虫原作の映画はいつでも撮れる(笑)。だからチャンスがあればすぐまた次を、というふうにも思っています。

**――監督として、映画化したい手塚治虫漫画を三本、挙げていただけますか。**

難しい……難しいですよね(笑)。その時々で気分も変わりますし。うーん。『人間昆虫記』なんかはね、ほんとに読み応えあるし、すごくまとまっている。芥川賞を受賞した新進作家・十村《とむら》十枝子《としこ》がマスコミの世界を渡り歩いていくあの物語を、映画化出来たらなんて思うこともあります。それとスケール、実現可能性など全部無視して無責任に言うんだったら、そりゃあ『火の鳥』に挑戦してみたい。ただ作り出したら終わらないんだろうな、ってなる(笑)。あと製作条件さえ整ったら、アニメーションにしたい原作もいくつかあります。

手塚はゲーテの戯曲『ファウスト』を1950年の『ファウスト』、1971年の『百物語』、そして1988年の『ネオ・ファウスト』と三度、漫画化しています。僕はそのうちの最初の作品を、アニメーションにしてみたいと思っているんです。

MARTELL
COGNAC
PRODUCE OF USA

薄暗い新宿の地下道で座っていたばるぼらと出会い、欲望渦巻く都市を地獄めぐりして、やがて霧の中の山荘に閉じ込められる。そんな耽美派の流行小説家・美倉洋介を演じたのが、稲垣吾郎。

2019年には主演作『半世界』で、高崎映画祭最優秀主演男優賞を受賞している。

手塚治虫の「七色いんこ」を舞台で演じたこともある稲垣は、美と幻想の世界の住人そのものだ。

取材・文＝石津文子
撮影＝増永彩子
ヘアメイク＝金田順子
スタイリスト＝黒澤彰乃

衣裳＝コート ¥272,000、パンツ ¥104,000、靴 ¥135,000
（すべてアンドゥムルメステール／ギャレット　03-3794-7770）
※他はスタイリスト私物　※すべて税抜き価格

# INAGAKI GORO
# 稲垣吾郎

## 世の中に届けるものと、
## 本当に自分がやりたいもの

# 手塚漫画の主人公を演じること

**——漫画は昭和48年、稲垣さんが生まれた頃の作品です。手塚治虫の原作は、参考にされましたか？**

原作は、かつて読んだことがありました。『MW』とか『シュマリ』とか、この時代の手塚治虫先生の作品に好きな漫画がいくつかあって、それは世界遺産のようなもの。手塚治虫先生自身にとっても大切な作品だと思います。当然、無視することはできない。世界中にいらっしゃるファンを裏切ることもできない。だからある種の使命感みたいなものは感じていました。ただ漫画と映画は、それぞれ別の表現です。だからヴィジュアルという面から、原作の美倉を意識しないようにはしました。映画はそれ自体として成立していないとダメですからね。そこは眞監督もやっぱり息子さんだからこそ、なおさら映画という表現で自分が築いてきたもので勝負したい。そういった気持ちはおありだったと思うし。ですから、現場に入ってからは原作は全く意識することなくやっていましたね。

**——美倉洋介は若くして成功した小説家であり、原作では異常性欲者であることに悩んでいるとはっきり言うのですが、演じるに当たってその辺はどのように理解されましたか？**

僕は本当に、面白がって演じられたんですね。美倉の苦しみを背負うということはなくて。無責任な言い方だけど。でも、わからなくもないところはいっぱいあった。彼は小説家として、大衆的な、世の中にちゃんと受けるものを届けなければいけないという思いと、本当に自分がやりたい芸術との間で、葛藤している訳ですからね。求められるものと、自分がやるものの違い、溝がある。でも、そういうものはこの世界で働く僕らにとっても、常に感じていることなので。やっぱり大衆娯楽というものを意識しながら、僕もずっと仕事をしてきたし、「もっとこういうことやりたいな」とか、「これやったら、本当はダメなのかな？」とか、そういったものとの戦いをしてきた。

何度もこの話はしていますが、三池崇史監督の『十三人の刺客』（2010）のような役でちょっと脱皮できたりした。やっぱり、そういうきっかけを与えてくれるというのは、常に映画なんですね、僕の場合は。今回もまた、そういった新しい扉を開いてくれるのかな、と。だから、美倉の葛藤というのは、わからなくはない。僕はグループとしてやってきたわけですけど、そこから30年近くが経過し、これからの方向性を考える時代に入っている。美倉は30代という設定かもしれないですが、やはり同じ感じだと思う。異常性欲みたいなものは直接はわからないまでも、みんな人には言えないフェティシズムみたいなものを抱えて生きている訳で、それはわかる部分があります。

**——そうしたものは稲垣さんにもありますか？**

わからなくはないですね。すごく勝手な男の妄想の世界。谷崎潤一郎とかも僕はすごく好きですし。

おそらく『ばるぼら』を今の時代に大作家が描くことは不可能ですよね。『鉄腕アトム』とか少年漫画をやっている人が、こんな話を描くなんて、ってネットで大騒ぎになってしまう。当時は自由だったんだな、とも思うし。みんなが迷っていたから、そのカオスな状態がおもしろいですよね。

**——手塚治虫先生にも、美倉洋介と同じ悩みがあったように思います。**

これはまさに、手塚先生の表現論とか、芸術論ですよね。そこを表したものだと思うし、当時、手塚先生は会社が倒産したり、いろいろと悩んでいて、人生のピンチみたいなところに立たされていたと思うんです。でもだからこそ、好き勝手に描いたんでしょうね。

# 「新しい地図」を広げた稲垣吾郎として

## INAGAKI GORO
## 稲垣吾郎

世の中に届けるものと、
本当に自分がやりたいもの

**——出演依頼があった時に、即答でしたか？**

そうですね。即答でした。ちょっとエロティックな描写とか多いけれど、最近、そういうのをやっていなかったから（笑）。昔は多かったんですよ、年上の女性と、とか。でもそういうエロティックな世界に放り込まれての表現というのが、稲垣吾郎という役者にはあると思うんです、客観的に見て。しばらくそこから遠ざかっていたのは、アイドルとして求められることもあったし、耽美的な作品が減ってきた時代だったからかもしれない。でもエロスって芸術と切っても切れないもの。だからようやく、眠れる獅子が起きた感じかな（笑）。

**——ばるぼらという役を二階堂さんは、迷いながら演じていたそうです。**

そう言ってましたね。迷いながらやっていて、それが良い方向に出ているっていうのがすごい。そういうのを「天才」っていうんですよね。

**——『ばるぼら』という映画の経験が、稲垣さんにもたらしたものは何ですか？**

たった3週間と短期間の撮影だったけど、そこで一気に燃焼した。やっぱり大変だったんですよ、この役は。特に山荘でのシーンはただの狂気ではなく、映画としてちゃんと美しいものにしたかったので。デリケートなシーンでしたからね。あとは、あの精神状態になっていくところの追い込み。最後、美倉が小説を書く時のその集中力、短期間で一気にグッと燃焼していく感覚が、僕自身も演じながらすごく得たものなんです。舞台なら1カ月稽古をして徐々に作る感覚を、この短い間でボルテージを上げて、ちゃんと役として生きて、またその役から離れていくという、その一連の3週間がすごく自分にとって大きかった。そしてクリストファー・ドイルの撮った画は、額装した絵画がずっと重なっているような、どれも美しい、一枚一枚、鑑賞するに耐えうる画になっていると思います。その中にいられたというのは、本当に幸せでした。

都会の雑踏の片隅で柱にもたれかかって、酒瓶を傾けている。無邪気な子どものようで、男を狂わす女のようでもある。芸術家にインスピレーションを与える女神(ミューズ)にも、運命を暗転させる悪女にも見える――そんな捉えがたい存在に、二階堂ふみは肉体を与えた。そして理性を脱ぎ捨ててからっぽになった時、女優・二階堂ふみはばるぼらになった――

取材・文＝石津文子
撮影＝増永彩子
ヘアメイク＝足立真利子
スタイリスト＝高山エリ

衣裳＝ワンピース¥45,000(ヨウヘイ オオノ／エスティーム プレス　03-5428-0928)
※すべて税抜き価格

# NIKAIDO FUMI
# 二階堂ふみ

自意識を捨てていって、

「からっぽ」になった

# 感情をのせない演技

**――役づくりの上で、原作は参考にされましたか？**

答えが全部載っているといえば、載っていますし、手塚先生の作品となると、画の持つ力が強いので参考にさせて頂いた部分はあります。でも、最後までわからないままで終わったというのが、正直な気持ちです。監督も説明をしてくださったんですが、ばるぼらは想像の産物みたいなもので、しかも他者の想像であったり、幻想の産物だから、その中にばるぼらとしての自分の感情をのせる、というのはあまりない。自意識みたいなのを出せない役だな、と思っていました。なので、作られた画の中に入らせていただいている感覚でした。

**――漫画の中のばるぼらとそっくりな表情をされるので、驚きました。**

そう言ってもらえて、よかったです。いろいろ思い返していくと、わからないっていう状態でいたけれど、ある時点から自分の感情というか、自意識を捨てていくと、「からっぽ」になるんですよ。それが結果的にはよかったのかもしれないな、と、ご覧になった方の感想を聞くと思う瞬間がありました。

**――今までで一番難しい役だった？**

一番答えが出なかった作品ではありましたね。今までは自分の中で答えを見つけ出したり、整理して、「こうして行こう」というものがあるんですけれど、『ばるぼら』では何も決めずにやっていたので。もちろん、扮装統括の柘植（伊佐夫）さんたちがキャラクターの外見を作ってくれたり、メイクの力も、もちろんあったと思うんです。でも観た方の感想を聞くまでちょっと怖かったです。

**――素晴らしかったので安心してください。**

ありがとうございます。

**――撮影は順撮り（シナリオの順番通りに撮っていくこと）だったんでしょうか？**

順撮りに近かったです。最終日は山梨で、最後の山荘のシーンを撮りました。撮影は早かったですし、目まぐるしかったし結構、緊張感ある現場でした。完成した作品を観たら、すごく芸術性の高い作品だけれど、いろんな画が入ってきて、考える暇を与えない瞬間もあったりする。実はこういうものを撮っていたんだな、という答え合わせのように感じた部分もありました。

**――ばるぼらは、存在していなかったのかも……という話でもありますね。**

出てくる女性がみんなそうですね。実体があるのか、ないのか。ただばるぼらが美女に化けた犬を殺す場面、あそこは辛かったです。私は動物が大好きなので。あんなに美しい尊い命を、一瞬でばるぼらがスコップで叩いてしまう。「イヤだー」と思いながらやっていました。動物と暮らしていると、見方が変わるというか。動物は取り繕《つくろ》わないし、人間ってすごい弱いな、と思いますね。哲学や芸術にすがらないと何も生み出せなかったりもする。こうやってぐるぐると悩んで考えているのも、人間だけでしょうし。うまく言えないんですが……。

# 稲垣吾郎演じる美倉が光だった

## NIKAIDO FUMI
## 二階堂ふみ

### 自意識を捨てていって、「からっぽ」になった

**―オファーを受けた時はどんな気持ちでしたか？**

あまり深く考えていなかったですね。撮影がクリストファー・ドイルだ、すごーい、みたいな（笑）。原作も、読んでいました。父が手塚治虫さんが好きで、実家に『火の鳥』とか『鉄腕アトム』とかがあって、親しみがありましたし、もうちょっと大人になって、たまたまどこかで、『奇子』とかいわゆる〝黒手塚〟を読んだ時に、『ばるぼら』も読んでいました。『ばるぼら』は抽象的な存在というか、最初はよくわからなかったけれども、読み方を変えると、芸術だったり、それこそ哲学だったり、デカダンスだったり、いろいろと描かれている。ただ、自分の中では教養が足りていない部分もあって、多分、理解していないところもたくさんあったと思うんです。一歩間違えたら、ただの変態小説家の奇行じゃないですか（笑）。でも、稲垣さんと取材を受けているなかで、そういう願望は人間誰しも持っていると仰っていて、「確かにそうかもしれないな」とも思いました。

**―手塚眞監督は、どんな監督でしたか？**

すごく穏やかな方で。でも時々、現場で監督の強い信念みたいなものを垣間見ることもありました。純粋で、少年のようなところもある方です。

**―稲垣吾郎さんとの共演はどうでしたか？**

俳優・稲垣吾郎という存在は、いろいろな作品、特に『十三人の刺客』（２０１０）では本当に素晴らしいお芝居をされていて。あの映画を観た時、私は高校生だったんですけど、みんなを笑顔にしてきた方が、あんなにも人に恐怖を植え付けられるんだ、っていう、俳優さんとしての凄みを感じていたので、映画でご一緒させていただくっていうのは、ものすごく嬉しかったです。

**―稲垣さんが演じる美倉洋介は、ばるぼらである二階堂さんにとってどんな存在でしたか？**

希望でした。正直、私は現場で確固たるものが何もなかったので、唯一の光ではありましたね。〝ばるぼら〟という立ち位置でもそうだし、役者の自分としても。でも、それは、稲垣さんが演じる美倉だったからじゃないかと思いますね。さっきも、迷いがあったという話をしていたら、「でも、迷っているものの美しさもあるよね」と仰ってくださって。それでよかったのかもしれないな、と。今日初めて思えました。

クリストファー・ドイル
――ウォン・カーウァイ映画のルック、魚眼と言っていいだろう
広角レンズの多様やエモーショナルな手持ちカメラでの撮影、
残像感を生かしたシャッター・スピードの選択――
「超個性的」カメラマンである。
他にも彼は、エドワード・ヤン、チェン・カイコー、チャン・イーモウ、
ガス・ヴァン・サント、M・ナイト・シャマランといった監督たちと、
世界を股にかけてコラボレーションしてきた。
そのドイルの眼は愛する手塚治虫のMANGA『ばるぼら』を、
どのように摑まえたのだろう。

## 彼女についての映画

**――映画『ばるぼら』の話が来る以前に、原作を読んでいたそうですが。**

ばるぼらとタイトルにあるように、〝彼女についての映画〟であり、〝彼についての映画〟じゃない。彼女についての映画であるべき作品だ。で、そのばるぼらっていうのは男の持っている女性へのファンタジーを表している。どこにいても、その男のいる場所、見ている場所を占拠すべき存在がばるぼらなんだ。僕はその気持ちはよくわかるんだよ。その感覚、何度も経験あるからね。僕はそういう男の感情を祝福したいと思ったし、祝祭したいと思った。原作は手塚治虫の漫画だけれど、そのスピリットをどう映画に翻訳するか。そして、若い人が観て、あ、わかるなというものにしたいと思った。だから、漫画そのままを映像化したわけではない。光があって、色があって、カメラが俳優の動きをとらえ、監督が演出し、カメラのフレームの中で演技が繰り広げられる。非常にシネマティックな空間を捕らえるようにした。

**――稲垣吾郎演じる美倉洋介と二階堂ふみ演じるばるぼらの出会いの階段のシーンが非常に素敵です。黄色い柔らかい光に包まれ、これから何かが羽化して出てくる繭《まゆ》のような空間を感じさせます。手塚眞監督の作品はブルーの効いた寒色系の世界観が印象的でしたが、ドイル氏の参加で暖色のバリエーションが増えたなと感じました。**

**また、同じ場所が何度も出てきますが、ばるぼらがその都度、背景の色や模様と馴染む格好をしていて、まるで「擬態《ぎたい》」しているかのようです。美倉が常に黒い影のようにどの場にも馴染**

# CHRISTOPHER DOYLE

# クリストファー・ドイル

## 僕たちは創造の「気」、エネルギーにならなくてはいけない

取材・文＝金原由佳

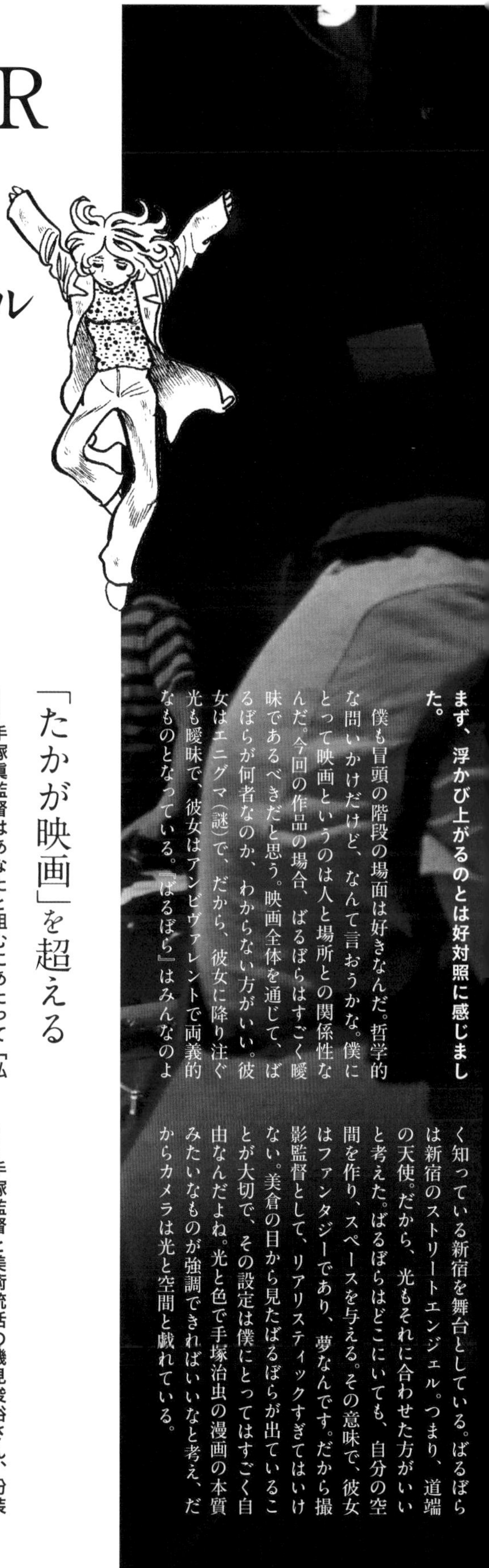

**——まず、浮かび上がるのとは好対照に感じました。**

僕も冒頭の階段の場面は好きなんだ。哲学的な問いかけだけど、なんて言おうかな。僕にとって映画というのは人と場所との関係性なんだ。今回の作品の場合、ばるぼらはすごく曖昧であるべきだと思う。映画全体を通じて、ばるぼらが何者なのか、わからない方がいい。彼女はエニグマ（謎）で、だから、彼女に降り注ぐ光も曖昧で、彼女はアンビヴァレントで両義的なものとなっている。『ばるぼら』はみんなのよく知っている新宿を舞台としている。ばるぼらは新宿のストリートエンジェル。つまり、道端の天使。だから、光もそれに合わせた方がいいと考えた。ばるぼらはどこにいても、自分の空間を作り、スペースを与える。その意味で、彼女はファンタジーであり、夢なんです。だから撮影監督として、リアリスティックすぎてはいけない。美倉の目から見たばるぼらが出ていることが大切で、その設定は僕にとってはすごく自由なんだよね。光と色で手塚治虫の漫画の本質みたいなものが強調できればいいなと考え、だからカメラは光と空間と戯れている。

## 「たかが映画」を超える

**——手塚眞監督はあなたと組むにあたって「私は演出しない、見ていただけ」、あなたの裁量は自由であると話していましたが。**

眞はそう言っているだけ。見てるだけなんて、嘘なんだよ。騙されちゃいけない。まず忘れちゃいけないのは、彼の家族、父親の作品を息子の彼が監督して、映画を作るということだ。それは、すごく大きな責任が彼にかかっているということ。特別な家族プロジェクトで、彼の今までの全てのキャリアがこの映画の裏にあり、彼はそれを背負ってこの映画を作っている。

確かに映画監督には二種類あると思う。妄執《もうしゅう》的になり、全てをコントロールするか、あるいはスタッフに任せて、まったく手放すか。それはカメラマンも同じなんだけど、僕がベストだと思うのは、事前にものすごく準備したからこそ、本番で手放せる。それはこの現場でも起きたことだ。

**——手塚監督と美術統括の磯見俊裕さん、扮装統括の柘植伊佐夫さんは、1999年の『白痴』の時でも組んでいる。そういう手塚組に入り込んだ経験はいかがでしたか？**

それは彼らに聞いた方がいい質問だね。僕と組んでどうだったって。彼らがどう感じたかは、僕にはわからないけれど、どのプロジェクトでも、チームの人の協力者であるべきなので、彼らのことをすごく尊敬しているし、敬意を払っている。僕ができないことを、あなたができるんですねってことがわかっているし、それが理解できていれば、すべてうまくギブアンドテイク出来ると思う。「ヘイ、僕って超有名なクリスだよ！」って感じじゃなくて、信頼が必要なんだよね。たかが映画だから、一緒に楽しく作らなくちゃ意味ないじゃん。だけどうまくシェアできれば、"たかが映画"を超えるかもしれない。そうすると僕たちの人間性が映画に出てくる。

## 稲垣吾郎とのパーソナルな空間

**—美倉を演じる稲垣さんはかなり長い間、アイドルとして振る舞い、人前では見せていい面、いけない面をコントロールしてきたと思います。この作品ではばるぼらと出会い、体も心もさらけ出す変化を表現してなくてはいけません。でも、最初の方は、彼の「見せたくない」というオーラを感じる場面もあったのではないでしょうか。それをどう解くかに腐心されたのでは？**

OK。この映画で、彼は一番苦労したと思う。今までの重荷みたいなものもあっただろうし。僕は撮影隊の中で一番、彼と近い距離にいて、毎日、一メートルくらいの距離にいた。その意味で、僕の役目は、照明とか、撮影スタイルとか、そういう技術的なことを置いておいて、彼自身を感じること、あなた自身を感じたいという交流だった。美倉洋介ではない、稲垣吾郎のことを知って、感じたいんだと。その吾郎の顔も70万人、700万人のステージの前に立つ顔じゃない。あなたと僕だけの空間で見せる表情なんだということだった。

でも、それが彼にとっては、すごく難しかったと思う。そういう近い距離感で人と接したことって、これまでなかったと思う。そういう空間にいたこともなかったと思う。だから、僕たちは恋人みたいじゃなくちゃいけなかった。少しずつ、映画が進行するにつれ、そうなっていったと思う。けれど、撮影が始まっての最初の頃は、彼にとっては親密な関係性というのがすごく難しかったと思う。彼にとって必要なものを、僕がこの撮影期間の間に全てあげられたかどうかはわからない。けれど、少なくとも、そうあろうと努力しました。それは手塚監督も、相手役のふみも、全員がそれに注力していた。すごく大きな仕事だったと思うね。

彼にとっては『ばるぼら』の美倉役を演じることは、すごく大きなステップだったと思う。これまで商品として、相手の要望に応えてきたので、一個人としているってことに彼は慣れていなかったから。

**—アイドルとしてパーソナルな面を見せないようにしてきた人に、極めてパーソナルな顔を映画の中で見せろというのは真逆なことですよね。**

だって、スターだったわけでしょ。でも、そういう背景がセレブ小説家である美倉役とぴったりだった。そういう部分で吾郎は祝福されている。『ばるぼら』の物語はこれまで彼が全く経験してこなかったことを、役を通して経験していく構成となっている。とてもクレイジーな女の子が突然、自分の目の前に現れて、それから彼の日常に出たり入ったりして、深くかかわっていく。その意味で、理論的にも稲垣さんはパーフェクトなキャスティングだったと思う。

映画を撮り始めたときは、彼は頭の中のコンセプトから完全に自由ではなかったと思う。でも、彼と撮影を通して、緊密な距離感で時間を過ごしたことは幸せだったし、友達として言うと、彼は自分のパーソナルな面を見つけ出していると思う。彼、とてもいい人なんだよ。

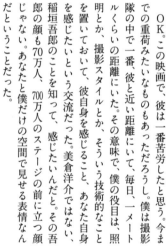

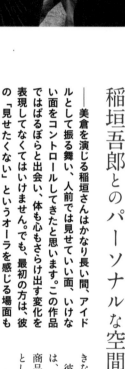

## 二階堂ふみとの関係

**——対するばるぼらは、あなたが言うように、クリエイターの夢の権化ですね。少女の顔もあれば、妖《よう》艶《えん》な女にもなり、相手が望む顔をその都度与え、でも、手に入れようとすると束縛を嫌って逃げてしまう。その女性像をカメラマンとしてどうとらえましたか？**

僕は今までの人生、何人ものばるぼらに振り回されてきた。だから、ばるぼらが自分のことを理解している以上に、僕は彼女のことを理解しているんだよ(笑)。

女の人はみんな、ばるぼらになりたいと思っているんじゃない？　そう思わない？　あれほど、極端じゃなくても、ウィスキーを七リットルも飲まなくても、ああいう形で人とセックスしなくてもいいけど、でも、ああいうものが欲しいんじゃないですか？　つまりそれは、〝あなたがどう幻想を抱こうとも、私は私よ〟って、ところがあるでしょう。それがばるぼらなんだ。

ばるぼらの面白いのは、関わる男性たちに〝あなたの思っている夢の女、すなわち、ファンタジーってこれくらいでしょ、でも、私って、もっとこうなのよ〟とびしって鞭を打ったりする。僕はかねがね思うんだけど、日本の男性が抱く、特に映画人の描く女のイメージ、ファンタジーって小さすぎる。

それを壊そうよ。

**——それはとっても同意します。**

ばるぼらって、常に相手が想像する以上の存在なんだ。彼女は彼女。それは、誰のファンタジーよりも大事なこと。学校のスクール・ユニフォームを捨てるところから、日本映画は始めないと。こういう話は、僕一人で話すよりも、ふみと対談をやらせてくれたら、もっと面白いのになあ。彼女の視点からの話も聞けるしね。

**——そのばるぼらを演じた二階堂ふみさんですが、彼女の変容がこの映画の軸であり、その肉体のフォルムの美しさを撮影が存分に映していると感じました。**

これはコンセプトじゃないと思う。カメラのスタイルとか、コンセプトとかじゃなくて、ふみとの関係性において信頼感があったからこそ、彼女の美しさが出てきた。何がそれを伝達できるか、そのキーとなるものはテクニックでも、映像スタイルでもない。

もちろん、過去にいろんな作品を手掛けてきたので、自分の仕事として、こうやったらいいという経験値はあります。でも、それ以上に大切なのは、二階堂ふみがどういう人なのか。その関係性の中で、一緒に何かを作り上げていこうということ。

映画の撮影場所は、解放される空間でなければならない。役者は常にスタッフから愛され、アイドルや、ボーイズ・ユニットをやっていた人も特別な場所に行かなくてはいけない。そこで監督がOKを出して、願わくば、まあ、期待した以上のものがその空間から生まれる。少なくとも自分が撮影したものには、そういう旅路《たびじ》みたいなものが映っていると思う。だから、漫画に飽き足らず、みんな、映画を作るんだ。僕たちは創造の「気」、エネルギーにならなくてはいけないと。

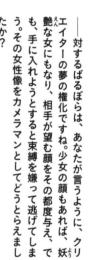

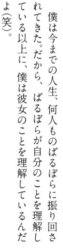

# BARBARA
Scene Photos

# CREDIT

椿 かおり Kaori Tsubaki
峰 のりえ Norie Mine
米川 友加 Yuka Yonekawa
芹川 有里 Yuri Serikawa

LUNA
荒川 ちか Chika Arakawa
増井 公二 Koji Masui

SASHA
角田真奈美 Manami Tsunoda
住野 真子 Shinko Sumino
田中 麻美 Asami Tanaka

Guest Appearance
島田 雅彦 Masahiko Shimada
岡野 玲子 Reiko Okano
林 海象 Kaizo Hayashi
一本木 蛮 Ban Ippongi

Gonpachiro Satomi
大谷 亮介 Ryosuke Ohtani

Mnemosyne
渡辺 えり Eri Watanabe

Original Manga by
手塚 治虫 Osamu Tezuka

Produced by
古賀 俊輔 Shunsuke Koga

Producers
姫田 伸也 Shinya Himeda
アダム・トレル Adam Torel

Co-Producers
湊谷 恭史 Yasushi Minatoya
Stephan Holl
Antoinette Koester

Screenplay
黒沢 久子 Hisako Kurosawa

Directors of Photography
クリストファー・ドイル Christopher Doyle
蔡 高比 Tsoi Kubbie

Art Direction Supervisor
磯見 俊裕 Toshihiro Isomi

Costume & Makeup director
柘植伊佐夫 Isao Tsuge

Music
橋本 一子 Ichiko Hashimoto

Art Director
露木恵美子 Emiko Tsuyuki

おりぃぶぅ OLIVE
ぽよまる Poyömaru.
HARRIS Harris
枝豆 順子 JUNKO EDAMAME
穴野おしる子 Woshiruko Anano
シュガー・ルゥ Sugar Lu
ちびもえこ chibi MOEKO
ちびた Chibita
Nooin

魔王 maou
マメ山田 MAME

Thunder THUNDER
Tentoku
アリスムカイデ Aris Mukaide
菊池 茂夫 SHIGEO KIKUCHI
ヨ シ ヤ YOSHIYA
村田 亜優 AYU MURATA
加藤 あやの AYANO KATOU
甘能 千晴 CHIHARU AMANO
金田 なお NAO KANEDA
工藤 千枝 CHIE KUDOH
JILL
三國谷 花 HANA MIKUNIYA

大槻 ひびき Hibiki Otsuki
推川 ゆうり Yuri Oshikawa
初美 りん Rin Hatsumi
水城 奈緒 Nao Mizuki
前田 可奈子 Kanako Maeda
みゆき菜々子 Nanako Miyuki
福咲 れん Ren Fukusaki
涼南 佳奈 Kana Suzuna
中尾 芽衣子 Meiko Nakao
星 あんず Anzu Hoshi

芹沢 ゆず Yuzu Serizawa
青葉 優香 Yuuka Aoba
雪美 えみる Emiru Yukimi
藤波 さとり Satori Funami
山井 すず Suzu Yamai
石川 祐奈 Yuna Ishikawa
宮田 レオン Reon Miyata

麻生 知香 Chika Asou
白金 れい奈 Reina Shirogane
奥村 美和 Miwa Okumura
松島 健太 Kenta Matsushima
志賀 龍美 Tatsumi Shiga
城 明男 Akio Jo
徳井 広基 Hiroki Tokui
石田 大樹 Daiki Ishida
刈谷 和暉子 Wakiko Kariya
林 えりか Erika Hayashi
小野瀬 侑子 Yuko Onose
清末 裕之 Hiroyuki Kiyosue
栗林 優 Masaru Kuribayashi
内藤 正記 Masaki Naito

Yosuke Mikura
稲垣 吾郎 Goro Inagaki

Barbara
二階堂 ふみ Fumi Nikaido

Hiroyuki Yotsuya
渋川 清彦 Kiyohiko Shibukawa

Kanako Kai
石橋 静河 Shizuka Ishibashi

Shigako Satomi
美波 Minami

Maname Sugata
片山 萌美 Moemi Katayama

Kazunari Shitou
ISSAY

Yoshiyuki Matsuyama
佐藤 貢三 Kozo Sato

Priest
小林 勝也 Katsuya Kobayashi

Katsuo Ikeda
藤木 孝 Takashi Fujiki

Police officer
山崎 潤 Jun Yamasaki

Laborer
尾崎 一彦 Kazuhiko Ozaki
中野 順二 Junji Nakano

Female customers
植田 せりな Serina Ueda
豊島 美優 Miyu Toyoshima
沙央 くらま Kurama Saou

ノサ・C NOSA COURAGE
ルロウ ROCH LEREAU
ガブリエル・ケイ GABRIEL KEI
REIKO
MAYUMI SUEMUNE mayumi
アマゾネスダイアン AMAZONS DAIAN

Physical Effects
宇田川幸夫 Yukio Udagawa
高見沢利光 Toshimitsu Takamizawa

Shooting Cooperation (Drone)
辻 健司 Kenji Tsuji

Christopher Doyle's Agent
熊谷 操 Misao Kumagai

Literature Supervisor
島田雅彦 Masahiko Shimada

Magical Advisor
江口之隆 Koretaka Eguchi

Medical Advisor
呉 行弼 Haengphil Oh

Graphic Artist
Sprayer KEN
YK246AXS
TOM246
DISKAXS

Painting Cooperation
牧 かほり Kahori Maki

Art Production
川村 豊 Yutaka Kawamura

Stage Carpenter
田島英明 Hideaki Tajima

Joinery Maker
森 大輔 Daisuke Mori

Stagehand
菊地孝聡 Takatoshi Kikuchi

Set Painter
松下政明 Masaaki Matsushita

Iron Construction Maker
大澤克俊 Katsutoshi Osawa

Iron Construction Maker Support
大澤弘俊 Hirotoshi Osawa

Location Apparatus
平子吉文 Yoshifumi Hirako
兼子達也 Tatsuya Kaneko
山下修司 Shuji Yamashita
福田和彦 Kazuhiko Fukuda
谷部伸浩 Nobuhiro Yabe
磐下征真 Masanao Iwashita
笠木強志 Tsuyoshi Kasagi

Studio Coordinator
石坂裕介 Yusuke Ishizaka
蔵原惟史 Korehito Kurahara
林田 葵 Mamoru Hayashida

Studio Manager
掛塚一継 Kazutsugu Kaketsuka
弘津 努 Tsutomu Hirotsu

Director's Assistant
エルサムニー・ソフィー Sophi Elsamni

Art Director Assistant
大原清孝 Kiyotaka Oohara

Art Director Assistant Support
春日日向子 Hinako Kasuga
蓮池あゆ Ayu Hasuike
北岡泰宏 Yasuhiro Kitaoka
福岡淳太郎 Juntaro Fukuoka

Property Master
石田美里 Misato Ishida

Property Master Support
小林悠希 Yuki Kobayashi

Stylist Assistants
江森明日佳 Asuka Emori
中野雅世 Masayo Nakano
浅井ゆみ香 Yumika Asai (Brand Planning)
MIDORI (Costume Work)

Hair & Make-up Artists Support
荻野さおり Saori Ogino
MAYUMI
前島結香 Yuka Maeshima

Special Make-up & Prop Assistants
並河 学 Manabu Namikawa
山本大二 Daiji Yamamoto
石川みのり Minori Ishikawa
山田 淩 Ryo Yamada

Scripter
内田智美 Tomomi Uchida

Acting Manager
清末裕之 Hiroyuki Kiyosue

Extra Casting
四方田拓明 Hiroaki Yomoda
石井 心 Kokoro Ishii

Still Photographer
蒔苗 仁 Hitoshi Makanai

Making of Camera
佐藤 吏 Osamu Sato

Bilingual Coordinator
内藤正記 Masaki Naito

English Script Coordinator
桜庭理絵 Rie Sakuraba

Mobile Screen Creator
林 利英 Rie Hayashi

Stunt Coordinator
辻井啓伺 Keiji Tsujii

Stunt Coordinator Support
出口正義 Masayoshi Deguchi

Stunts
大島 遥 Haruka Oshima
大槻 響 Hibiki Otsuki

Gaffer
和田雄二 Yuji Wada

Sound Mixer
深田 晃 Akira Fukada

B Camera Operator
迫 あすみ Asumi Sako

Stylist
羽石 輝 Akira Haneishi

Hair & Make-up Artist for Goro Inagaki
永嶋麻子 Asako Nagashima

Hair & Make-up Artist for Fumi Nikaido
千葉友子 Yuko Chiba

Hair & Make-up Artists
会川敦子 Atsuko Aikawa
金山貴成 Takahiro Kanayama

Wig Artist for Barbara (Fumi Nikaido)
SAKIE

Set Decorator
佐原敦史 Atsushi Sahara

Special Make-up & Prop
百武 朋 Tomo Hyakutake

Casting
杉野 剛 Tsuyoshi Sugino

Chief Assistant Director
吉田 聡 Satoshi Yoshida

Production Manager
奥 泰典 Taisuke Oku

Post Production Supervisor
佐藤正晃 Masaaki Sato

Assistant Directors
今井美奈子 Minako Imai
寺田 瑛 Akira Terada

Assistant Directors Support
竹本竜都 Ryuto Takemoto

Camera Assistants
加藤哲宏 Tetsuhiro Kato
蝶 卓也 Takuya Cho
馬 卓爾 Ma Adrian

Lighting Assistants
加持通明 Michiaki Kamochi (Best Boy)
加藤恵子 Ayako Kato
山西博子 Hiroko Yamanishi
龍 浩錕 Long Haokun

Lighting Assistants Support
大井秀明 Hideaki Ooi
加瀬拓郎 Takuro Kase
小林 仁 Jin Kobayashi

Sound Assistants
デルリウ・ジェロ Delrieux Geraud Pascal JACQUES
深田絵理佳 Erika Fukada

# CREDIT

《Music》

Piano・Keyboard・Voice
橋本 一子　Ichiko Hashimoto
Hip Hop Tracks & Rap・Drums・Guitar
藤本 敦夫　Atsuo Fujimoto
Trumpet
類家 心平　Shinpei Ruike
Tenor Sax・Bass Clarinet
小田島 亨　Toru Odajima
Bass
井野 信義　Nobuyoshi Ino
Engineer @GOK Studio
近藤 祥昭　Yoshiaki Kondo
Engineer @najanaja Studio
Ma*To
Main Theme "The View"
Composition・Arrangement・Piano　Ichiko Hashimoto
Trumpet　Shinpei Ruike
Tenor Sax　Toru Odajima
Bass　Nobuyoshi Ino
Drums　Atsuo Fujimoto

Barbara's Theme "BARBARA"
Composition・Arrangement・Piano・Voice　Ichiko Hashimoto
Guitar　Atsuo Fujimoto

Featured Song "Carnet d'une femme"
Lyrics　ISSAY
Music　Mari Fukuhara
Trailers
Nathan Coetzee

Poster Visual
Jack Staniland

Special Thanks to
尾西要一郎　Youichiro Onishi

《Distribution and PR》

イオンエンターテイメント
有馬 一昭　Kazuaki Arima
小金澤 剛康　Takeyasu Koganezawa
阿部 正彦　Masahiko Abe
小川 貴弘　Takahiro Ogawa
荻野 晴久　Haruhisa Ogino
北川 亨　Toru Kitagawa
川島 水麻　Mima Kawashima
穂積 朋幸　Tomoyuki Hozumi
齋藤 莉真　Rima Saito

フリーストーン
高松 美由紀　Miyuki Takamatsu
仁井 巴菜子　Hanako Nii
高木 祐子　Yuko Takagi
秋田 麻理奈　Marina Akita

ADR Sound Mixer
東 凌太郎　Ryoutarou Higashi

〈Title Animation〉

Animation Production
手塚プロダクション　Tezuka Production
Key Animation
小林 準治　Junji Kobayashi
In-betweens Animation
北京写楽美術芸術品有限公司　China BEIJING XIELE ART CO.,LTD.
In-betweens Animation Check
吉村 昌輝　Masateru Yoshimura
Digital Painting
荒井 めぐみ　Megumi Arai
Animation Digital Composite
酒井 英之　Hideyuki Sakai
Animation Production Manager
武藤 貴彦　Takahiko Mutoh

【Germany Unit】

Post Production Facility
The Post Republic
General Manager
Michael Reuter
Inhouse Producer
Petra Kader-Göbel
Digital Colorist
Gregor Pfüller
DI Supervisor
Artem Stretovych
Rerecording Mixer
Adrian Baumeister
Sound Designer
Manuel Laval
Dialogue Editor
Daniel Irribarren, Tobias Bilz
Mixing Assistant
Maxim Romasevich, Felix Godden
Head of Sound
Markus Wurster
Foley Services
Cobblestone
Foley Mixers
Alicja Nowak
Filip Stefanowski
Foley Artists
Katarzyna Płaczkowska
Jacek Wiśniewski
Foley Editors
Adam Szlenda
Agata Tabaszewska

Director's Manager
作田由美子　Yumiko Sakuta
Planning Assistant
花輪 依里　Yori Hanawa
Design Cooperation
藤田 早苗　Sanae Fujita
Location Managers
菅井 俊哉　Toshiya Sugai
三浦 義信　Yoshinobu Miura
金城 恒次　Koji Kinjo
小林 大地　Daichi Kobayashi
Production Runner
島田 雄史　Takeshi Shimada
Drivers
大澤 隆彦　Takahiko Osawa
和山 正愛　Masayoshi Wayama
田口由紀夫　Yukio Taguchi
鴇田 哲也　Tetsuya Tokita
馬橋 洋　Hiroshi Mahashi
中野 秋宏　Akihiro Nakano
Apprentice (Intern)
佐藤 晃大　Kodai Sato
青木 優香　Yuka Aoki
新井 里咲　Risa Arai
村松 花蓮　Karen Muramatsu
Tia ELL
Insurance Coordinator
浅井 理宏　Masahiro Asai
Production Accountants
野添 雅美　Masami Nozoe
遠藤 治子　Haruko Endo
Production Desk
本山 たえ　Tae Motoyama
Assistant to Producers
岩上 祥子　Shoko Iwagami

《Post Production》

【Japan Unit】

Editor
手塚 眞　Macoto Tezka
VFX Supervisor
安田 智也　Tomoya Yasuda
VFX Compositors
内木 聡子　Satoko Naiki
山口 幸治　Koji Yamaguchi
Pre Color-grading
稲川 実希　Miki Inagawa
End Roll Title
竹内 秀樹　Hideki Takeuchi
Pre Sound Effect
小山 秀雄　Hideo Koyama

Art Provided by

TOEI CO.,LTD TOKYO STUDIOS

VB VALUE BOOKS　ひまわり　大澤製作所　西川リビング
Aqua Clara　東芝ホームテクノ株式会社　AQUA　KING JIM
ARMONIA　LIEBHERR　ニチベイ　DeLonghi
brother　WORLD DISPLAY　日本光電　ギャラリー四季
TEAC　株式会社エレクトリ　OUTASIGHT アウタサイト　KYOYA 株式会社 京 屋
Transformer　株式会社 紫水苑　大泉美術　松下美術背景　三美工芸

Costume Provided by

ANATOMICA　Aquascutum　arena　CA4LA　Chacott　Continuer　D'URBAN
flake　GABRIELLE PECO　銀座もとじ　ilfelino　JOHN SMEDLEY
mother　motonari ono　NAIFE　Needles　OLD JOE BRAND
QL MANSION MAKER GINZA・TOKYO　.SEREN/DIPITY.　SHILON　SISE　suzuki takayuki
TARO HORIUCHI　THE BRISK　YOSHIKO CREATION　SA.Shoes　Vantan Design Institute

Hair & Make-up Provided by

ACSEINE　COVERMARK　shu uemura　株式会社さくや美粧堂
AQUADOLL　panoramica
LA ROCHE-POSAY LABORATOIRE DERMATOLOGIQUE　Koh Gen Do　SVENSON　アライカツラ　el

Location Provided by

ロケステーション LOCA-STATION　大和地所レジデンス　FAITHNETWORK
D-Merge　Chacott　dji JAPAN
ユニ・エンジニアリング　グラマラス　アリスポーツクラブ　いさみ屋 小竹向原店
フローリストマルヤマ小竹向原店　フォーマシーガーデン浦賀　昭和電工　yaesu book center
山野美容専門学校　北斗市観光協会　かわさきMOVEARTOO隊　ロイヤルホテル八ヶ岳
大宮大一ビル　メガネのオガワ　新宿三光商店街振興組合　新宿ゴールデン街商業組合
ばるぼら屋　キネマ倶楽部　ラ・ジュテ　AiSOTOPE LOUNGE
ワンダーフォーゲル株式会社　ルーデンス立川ウエディングガーデン

Collaboration Provided by

東映東京撮影所　アシスト　トランスフォーマー　東京美工　日本シネ・サービス
KOOGEN　シネマサウンドワークス　グリフィス　CASTY　遠藤警察犬家庭犬訓練所
トマキ　百武スタジオ　Trinity　三交社　ファンテック　ピクチャーエレメント
STUNT JAPAN　STUNT TEAM Gocoo　art factory

Studio Set by

TOEI CO.,LTD. TOKYO STUDIOS

Planning by

NEONTETRA

Planning Cooperation by

Tezuka Productions Company

In Co-production with

Rapid Eye Movies

In Cooperation with

THE POST REPUBLIC

Production Company

THEFOOL

Presented by

THEFOOL
Third Window Films
DiversityMedia
Tezuka Productions Company

Directed by

手 塚　眞　Macoto Tezka



R15+ 映倫　映倫 EIRIN 121607

# シナリオ『ばるぼら』

脚本・黒沢久子

『愛の中にはつねに幾分かの狂気がある。しかし、狂気の中にはつねにまた、幾分かの理性がある。　ニーチェ』

1　新宿・駅地下街

禍々しく猥雑な街に、疲弊した人々が乱れたアンサンブルのように行き交う。
その雑踏から離れた片隅に、座り込んでいる少女。

洋介（ナレーション）「都会が何千万という人間を飲み込んで消化し、たれ流したような女。それがばるぼら」

少女は酔っているのか、意識朦朧と倒れ込む。その様は不法投棄されたゴミ袋さながら誰の興味も引くことがない。
と、サングラスをした男が立ち止まり、覗き込む。

少女「……ヴィオロンのため息の　身に染みて　ひたぶるにうら悲し……げに我はうらぶれてここかしこ……とび散ろう落ち葉……」

男「君過ぎし日に何をかなせし　君ここにただ嘆く」
少女、薄目を開けて、男を見る。

少女「ヴェルレーヌだね」

男「語れや君　そもわかき折　なにをかなせし……」

少女「酔っ払ってるのか？」

男「先生んち、お酒ある？」
少女、微笑む。
※以下会話、次シーンに被る。

男「先生って、俺を知ってるのか？」

少女「おれ、先生の本、読んだよ」

男「ん……どう思った？」

少女「どうってことないよ……きれいすぎるもん」

2　ガード下・深夜

男（洋介）と少女（ばるぼら）が酔払ったカップルのように並んで歩いてゆく。

3　洋介のマンション外観・深夜

そこここに木々が植わった、やや高級な住宅地。
洋介とばるぼらが、マンションに向かってゆく。

4　洋介の部屋・リビング

部屋に入ってくる2人。電気を点ける。
ばるぼら、靴も脱がずに床に上がり、部屋を見回している。
いかにも独身貴族の部屋という感じの広いワンルームマンション。

ばるぼら「やっぱ、稼いでる家はちがうやん」
広いベッドに身を投げ出すと、幼児のように転がる。

ばるぼら「きっもちいい〜」
あきれる洋介。

洋介「降りろ」
ばるぼら、ベッドから降りると、今度はリビングにゆく。
壁一面に洋介の著作が並んだ本棚。
ばるぼら、一冊手に取って、

ばるぼら「これ古本屋でいくらになる？」
といいつつ、飾られた酒瓶に目が留まる。

ばるぼら「お、……」
さっそく手に取って、蓋を開ける。

洋介「おい……」

ばるぼら「知ってる。グレンモルトの50年モノでしょコレ」
洋介、ばるぼらの手からボトルを取り、グラスに注ぐと手渡す。
ばるぼら、グラスではなくボトルのほうを奪うと、ラッパ飲みする。
呆れる洋介。

へへへと笑うと、靴のままソファに上がるばるぼら。

洋介「そんな汚い格好で上がるな」

ばるぼら「うっさいなあ」

と、酒瓶を置くと、服を脱ぎだす。

洋介「ここで脱ぐなよ。シャワーはあっちだ」

ばるぼら「（脱ぎながら）見たい？」

洋介「早く行け！」

ばるぼら、ボトルを抱えてバスルームへ。

洋介、ソファに散ったばるぼらの服を集めて拾う。強烈な臭いに鼻を歪める。

その下に男性ファッション誌があった。表紙が目に入る。気取ってポーズを取る洋介の顔。

洋介「……」

洋介は服をソファの片隅に畳んで置くと、レコードプレイヤーに向かう。

アナログのLPレコードを一枚選んで、かける。部屋に響くフリージャズの激しい音。

引き出しから飲みかけのボトルを出してグラスに注ぐ。

デスクの上にはスケジュール表。真っ黒になるほど予定が書き込まれている。毎週のようにある締切。横に置かれた案内状。『四谷弘行・夏目漱石賞授賞式』の文字。

洋介は、椅子に座り、グラスを傾ける。サングラスを外すと、しばし目を閉じて瞑想する。

## ——5　同・バスルーム

ばるぼらがボトル片手に、『ヨサホイ節』かなにか調子よく歌いながら、シャワーを浴びている。フリージャズとのコントラスト。

## ——6　同・リビング

洋介、目を開けると、やおらパソコンのキーボードを叩き出す。

フリージャズの勢いに乗りながら、激しく書いている洋介。

書いたばかりの原稿をプリントアウトして、眺める洋介。

ばるぼら「なにしてんの？」

原稿を横から奪って見る、タオル姿のばるぼら。

洋介「おい……！」

ばるぼら、原稿を声に出して読み出す。

ばるぼら「……バレエで培ったヨウコの柔軟な股間を開くと、まだ誰にも見せたことのない陰部を鏡に映して、恥ずかしがる彼女に見せた」

洋介「返せよ！」

ばるぼら、読みながら笑い出す。

ばるぼら「なんじゃこりゃ」

洋介、ばるぼらの手から原稿を奪おうとするが、ばるぼら、持って逃げ回る。追いかける洋介。

ばるぼら「（原稿を音読して）……だらしなく開いた口からは涎が一筋垂れ、股間の唇からもねっとりとした淫らな汁が湧き出していた。ヨウコは今まさに動物的本能に目覚めようとしていた……くっだらね！」

洋介、ばるぼらの手から原稿を奪うと、笑っているばるぼらに平手打ちする。

ばるぼら「……なんだよ！」

洋介「……もう帰ってくれ」

ばるぼら、あきれたように、

ばるぼら「なんだよ、クソ作家！　おれ、客だぞ。偉そうに命令すんなよ。おまえの小説、クソつまんないんだよ」

洋介、ばるぼらの服を取ると、ばるぼらに押し付け、無理やり部屋から追い出す。

ばるぼら「なにすんだノータリン！　セクハラ野郎！　訴えるぞ！」

などと、好き勝手なことをわめいているばるぼら。

―― 7　洋介の部屋の外

ばるぼらは廊下に締め出され、さらに激しくわめき散らす。

**ばるぼら**「クソ作家！　エロおやじ！　なぁにが動物的本能だ！　そんなの売れてもすぐ古本屋行きだよ！　チョークズ！　犬も食わねぇよ！　蝿だってたからねぇよーだ！」

ドアを蹴飛ばす。

―― 8　洋介の部屋

ばるぼらがドアを蹴る音が響いている。

洋介、無視するようにデスクに戻るが、手にした原稿を読み直す。

無言で、それをゴミ箱に捨てる洋介。

―― 9　スポーツジム・プール・翌日

プールに飛び込む洋介。

悩みを吹っ切るかのように、激しく泳ぐ。

―― 10　庭園

『日本新聞出版協会主催　夏目漱石賞授賞式』とある。

ガーデンパーティ風にテーブルが並べられ、スーツ姿の紳士たちが集っている。

演壇に受賞者である四谷弘行。

老文士、池田勝臣がお祝いのスピーチをしている。

**池田**「……本が売れなくなると、つい読みやすさや欲情に流されてしまうものですが、その作品は萎縮し、予定調和に回収され、読後に速やかに忘れられるでしょう。だが、四谷君には、コトバの怪物を生み出しそうな不気味な気配があります。私は確信しています。私が死んでも、彼が生きている限り、文学は死なない」

演壇に近いテーブルには『来賓』と書かれた花をつけた代議士の里見と、同じくその娘、志賀子がカクテルドレスを着て華やかに座っている。志賀子の隣には大きなアフガンハウンド。

加奈子が、入口付近に立って、落ち着かない様子で携帯をチェックしている。

**池田**「文士は昔からドロップアウトのプロでした。社会から学ぶことなど何もなく、勝手に異国や田舎や監獄に行ってしまったり、あの世の様子を覗いてきたり、天上の言語を習得したりしてきました。いつの時代もおおむね不幸だったが、昆虫と対話したり、神に助けてもらったり、絶望からも利得を引き出したりすることができる能力には恵まれてきました……

※以下は予備。

しかし皆さん。人類の進化は文士がリードしてきたのです。先人たちが自然観察、弱い者への憐れみ、破滅の予感、おのが肉体を実験台にして得た知恵を書き残してくれたおかげで、私たちはかろうじてここまで生き延びてこられたのです。文士の妄想を笑う者は目の前に迫っているカタストロフに気付かないくらい鈍感なのです」

サングラスをした洋介がグラス片手に、ぶらっと庭園に入ってくる。

気付いて近寄る加奈子。

**加奈子**「先生、遅かったですね」

洋介、池田が熱弁を振るっているのを見て、

**洋介**「まだ早すぎたな」

**加奈子**「（時間をチェックし）この後、来賓スピーチを頼まれてます」

たちまち、女性客や若い編集者に囲まれてしまう洋介。

**女性客1**「美倉先生！」

**女性客2**「お会いできて光栄です」

**女性客3**「新刊、あたし2冊買いましたのよ」

洋介の周りだけが、賑やかに華やいでいる。

スピーチを邪魔されたようにムッとする池田。

壇上の四谷も洋介に気付いて見る。

洋介、四谷と目が合い、グラスを四谷へと掲げて、飲む。

と、志賀子が抱き付かんばかりに洋介の側に寄り、

志賀子「相変わらずモテるのね」

洋介「俗物趣味だな」

志賀子「そういうあなたは？　どうしてここにいらしたの？」

黙ってグラスを干す洋介。

志賀子「売れっ子作家さんが、地味な純文学の賞に興味あるなんて。……あ、そうか。四谷さん、同期だったわね。意識してるの？」

洋介、何も言わず二杯目を飲む。

志賀子「ね、パパに紹介するわ」

ためらう洋介の腕を取り、志賀子は来賓席へ引っ張ってゆく。
少し後ろから、無表情に加奈子がついてゆく。
志賀子、里見に洋介を引き合わせる。

志賀子「パパ、美倉さん」

里見「おお、君が……。娘がいつも、お世話になっております。わがままですが、気立てはいいんですよ」

志賀子「パパ！」

里見「いや、先生の本はずいぶん売れとるちゅうじゃありませんか。志賀子から渡されていつか読もう思てますが、臨時国会やらなんやらでどうも時間がありませんで」

洋介「はあ……」

里見「ま、座りませんか。ゆっくり話しましょうや」

里見は隣の椅子を勧めるが、洋介は躊躇する。

洋介「また、あらためて……」

その場を去る洋介。

志賀子「洋介！」

黙って会場を後にする洋介。
さりげなく背後の木の枝に座っている天使。※監督作品の刻印。
どの作品にも一箇所映る。
あわてて追いかける加奈子。

加奈子「先生、スピーチは……」

洋介、加奈子を制止し、有無を言わさぬ態度で出て行く。

---

## 11　繁華街・遅い午後

洋介、一人、煙草をくわえ、夕陽を浴びて彷徨っている。

---

## 11A　同・ブティック前

洋介、視線を感じて振り返る。
ブティックのガラス越し、ディスプレイの飾り変えしている店員が、まっすぐに洋介を見つめている。人形のように整った顔立ち。
そして、すらりと伸びた美しい脚……。
洋介、引き寄せられるように店内へ。

---

## 12　ブティック・店内

洋介、入ってくる。
店の奥にいる店員（須方まなめ）。
洋介、さりげなく商品を見るふりをして、まなめに接近してゆく。
まなめ、微笑で迎える。

まなめ「美倉先生ですよね。私、大ファンなんです」

洋介「そう。ありがとう」

洋介、サングラスを外す。

まなめ「新作まだなんですか？　私、楽しみにしてるんです……」

誘うような、まなめの眼差し。
洋介、思わずその脚に手を伸ばす。
まなめ、拒まず、誘うように店の奥にある試着スペースへと向かう。
洋介、その脚についてゆく。

×　×　×

カーテンで仕切られた試着スペース。ふたりでそこに入る。
自ら、服を脱ぎ始めるまなめ。

まなめ「先生……叩いて」

**洋介**「?」

**まなめ**「いじめて……お願い」

洋介、ためらいがちにまなめの頬を叩く。

**まなめ**「ああ……いい……もっと、もっと強く」

洋介、さらにひっぱたく。

**まなめ**「先生……好き」

まなめ、下着も露に洋介を抱き締め、脚を絡ませてくる。

洋介、堪らずその脚を撫でまわす。

**まなめ**「先生……最高……先生の本も……何も考えずに読めるから好き」

**洋介**「バカにしてるのか」

洋介、まなめをまたひっぱたく。

**まなめ**「う……褒めてるのよ」

まなめ、もだえながら、洋介のシャツを脱がせてゆく。

洋介、まなめを押し倒し、唇を合わせる。

まなめは拒まない。洋介を受け入れながらも喋り続ける。

**まなめ**「先生の本……いいわ……頭使わなくていい……ページ閉じれば忘れちゃう……」

洋介、馬鹿にされたと気分を害して起き上がろうとするが、まなめは強い力で抱き締めたまま放さない。

**まなめ**「気にしないで……バカな読者へのサービスでしょ。お金いっぱい稼げるんだから、いいじゃない……」

**洋介**「やめろ……」

洋介はもがくが、まなめの腕を振りほどくことはできない。

試着スペースのカーテンに、誰かの影が近付く。

いきなりカーテンが引かれ、ばるぼらが現れる。

ばるぼらはまなめの頭に、酒のボトルで一撃をくらわす。

まなめの頭はその衝撃に横に折れる。

さらに、もう一撃。胴体から吹き飛ぶまなめの頭。

**洋介**「!」

首がなくなったまなめは、それでも洋介を放さない。

ばるぼらは、まなめの身体を引き離し、その脚をもぎ取り、容赦なく身体を打ちのめす。腕も取れて、身体も半分に折れるまなめ。

洋介、腰をぬかして呆然としている。

**ばるぼら**「何やってんだよ、先生」

**洋介**「何って……」

洋介、見るとまなめではなく、バラバラになったマネキンが散らばっている。

**洋介**「（呆然）……」

---

## 13　繁華街・別の路地・夕方

ばるぼらに引っ張られるように逃げてきた洋介、座りこむ。まだ呆然としている。

**ばるぼら**「人形フェチとかやばくない?」

ばるぼら、ボトルの酒を差し出す。

洋介、酒を呷る。

**洋介**「……」

**ばるぼら**「先生、すごい欲求不満なんだね。相当溜まってるんじゃないの」

**洋介**「バカにするな。相手ならいくらでもいる」

**ばるぼら**「いくらでもいるってことは、一人もいないってこと。先生、まともな恋愛してないね」

**洋介**「余計なお世話だ」

洋介、立ち上がると、歩き出す。

**ばるぼら**「酒、返せよ」

と、ばるぼら、追いかける。

---

## 14　路地裏の空き地・日暮れ

ビルの裏に、廃車や廃材が散らかった空間がぽかりとある。

捨てられた家具の山に、洋介とばるぼらはふたり並んで座り、酒を回し飲みしながら、ビルの隙間から覗く夕景を眺めている。

**ばるぼら**「先生、ちゃんとしたもん書きなよ」

洋介「……書いてるさ」

ばるぼら、おかしそうに、

ばるぼら「……バレエで培ったヨウコの柔軟な股間を開くと、まだ誰にも見せたことのない陰部を鏡に映して……」

洋介「うるさいな！」

ばるぼら「先生、才能あんだから、しっかりしなよ」

洋介、黙って酒を呷る。

と、一匹の黒い蝶が飛んで来て、ばるぼらの頭に止まる。

洋介が見ていると、蝶はばるぼらと戯れるように飛び回る。

驚いて見つめる洋介。

洋介「お前……いったい何なんだ」

ばるぼら「おれ？　ばるぼら」

ばるぼら、ケタケタと笑う。

――――15　ジムのプール・翌日

いつものように泳いでいる洋介。

プールサイドでは、扇情的な水着姿の若い女性たちがはしゃぐ。

洋介（ナレーション）「悪い女ほど邪魔な悪魔はいない。善い女ほど愚かな悪魔はいない」

拒絶するように水中に潜る洋介。

――――16　洋介の部屋・日中

フリージャズのレコードがかかっている。

デスクで執筆に専念している洋介。

背後のソファでは、ばるぼらが寝転んで、雑誌を捲りながら酒を叩っている。周囲は食べ物の包み紙やらボトルやら、生活感たっぷりに散らかっている。

洋介「ばるぼら、お茶でも入れてくれ」

無視するように酒を飲み続ける。

洋介「ばるぼら、お茶だ」

ばるぼら「おれ、メイドじゃないんだけど」

洋介「お茶くらい入れられるだろう」

ばるぼら、黙ったままキッチンへゆく。

洋介、振り向きもせずに執筆を続ける。

バタン、とドアを閉める音。

振り向く洋介。ばるぼらが出て行った気配。

気にせず執筆に戻る。

×　　×　　×

ポットの水が沸騰して吹き出している。

加奈子が、紙袋を抱え部屋へ入ってくる。

ポットに気付き、慌ててコンロの火を止める。

加奈子「お湯、沸いてますよ」

デスクに歩み寄る加奈子。

加奈子「先生、進んでますか？」

袋から数冊の本を出して、資料棚に置くと、散らかった部屋を見回す。

加奈子「誰かいらしてたんですか!?」

加奈子、ゴミなどを拾い集める。

洋介、黙々と仕事を続ける。

加奈子「先生、今日十九時からの里見代議士との会食、お忘れじゃないですよね」

洋介、手を止める。

洋介「……キャンセル、できないかな」

加奈子、驚いて、

加奈子「お加減悪いんですか？」

加奈子、洋介に近付いて、まるで保護者のように洋介の額に手を当てる。

洋介、その手を振り払って、

洋介「別に、なんでもない」

洋介、加奈子を避けるように立ち上がると煙草をくわえ、ベランダへ行く。
煙草をふかしながら、景色をぼんやり見つめる洋介。
加奈子、ふとデスクの上に載ったメモを見つける。
『ばるぼら』と走り書きがある。

---

### 17　街角・点描

ばるぼらが、ひとり街を徘徊している。
軽やかに、あどけなく、踊るように、奔放な行動。
その周りに、黒い蝶が戯れるように舞っている。

---

### 17A　里見の邸宅・外観・夜

庭先で、アフガンハウンドがハアハアと息をしている。

---

### 18　同・客間

代議士の里見が、洋介を接待している。
志賀子、秘書の松山も横に座っている。

**里見**　「先生、今日はこの里見権八郎、たってのお願いがございましてな」

志賀子は、洋介の盃に酒を注ぐ。

**里見**　「実は、来春の都知事選に出ることになりまして」

**洋介**　「はあ……」

洋介の反応が鈍いので、ちょっとがっくり来る里見。

**里見**　「いや、そこで先生に後援会の会長をやっていただこうかと思うとるんです」

**洋介**　「……ぼくは、政治のことはさっぱり」

困ったように志賀子を見る、洋介。

**松山**　「いやいや、難しいことは何もありません。ちょっと応援演説をやっていただければ、それで十分なんです」

洋介、黙って盃を空ける。志賀子、さらに注ごうとして、空なのに気付く。

**志賀子**　「あら、空ね」

立ち上がると、お代わりを持ってくるため座を外す。
里見、身を乗り出して、

**里見**　「そういえば、文部科学大臣の早坂議員はご存じですな？　彼とは長い付き合いでしてな、芸術院の新規会員に美倉先生を推薦したいと思うとるのですがね」

**洋介**　「……すみません、ちょっと失礼して、お手洗いに……」

洋介、立ち上がると、部屋を出る。

---

### 19　同・夜の庭に面した廊下

洋介が、煙草を吸いにやってくる。
ふと見ると、志賀子が縁側に座っている。
艶々とした、その髪。服装が先程とは変わり毛足の長いセーターになっている。

**洋介**　「……」

**志賀子**　「外の空気、気持ちいいわね」

伸びをするように身体をそらせる志賀子。柔らかそうな身体のラインが強調される。

**志賀子**　「ね、ちょっと散歩しない？」

志賀子は、洋介を誘うように庭先へ出て行く。黙って後をついてゆく洋介。

×　×　×

月明りに照らされた庭。木々の陰に誘いこむ志賀子。
志賀子は、洋介のサングラスを外すと、身体に抱き付く。
洋介は、それを受け止める。

**志賀子**　「この匂い……堪らない……」

志賀子は洋介の首筋に顔をくっつけ、肌をなめる。
洋介は、次第に昂揚してくる。
志賀子は洋介を押し倒すと、首筋に齧り付く。

**洋介**　「痛……！」

洋介の首筋から、血が流れる。

志賀子はお構いなしに攻めてくる。

受け止めようと、激しく反応する洋介。

お互いの服を脱がせあう。

抱き合ったまま、地面を転がる二人。

ばるぼらが、物陰からその様子を見ていた。

ばるぼら「……」

庭にあったスコップを手に取るばるぼら。

もつれあう洋介と志賀子。

ばるぼらは、いきなり志賀子の身体をスコップで打つ。

ギャッ、と叫んで洋介から身体を離す志賀子。

志賀子は、ばるぼらに飛び掛かり、歯を剥いて噛み付こうとする。

その頭に向かって、スコップを振り下ろすばるぼら。

洋介「やめろ!」

志賀子「ギャン!」

撃をくらい、倒れる志賀子。

洋介は、ばるぼらからスコップを取り上げる。

洋介「なんてことするんだ!」

倒れた志賀子を振り返ると、そこには志賀子の飼っていた犬が倒れている。

唖然とする洋介。

ばるぼら「先生……大丈夫かい？　心配だから見に来たら、案の定……」

洋介、頭をかかえて蹲る。

ばるぼら「先生、家へ帰んな。おれが片付けとくから」

洋介、なんとか立ち上がると、ふらふらと帰ってゆく。

× × ×

縁側から庭を覗く、本物の志賀子。

志賀子「洋介！　どうしたの!?　洋介！」

## ―― 20　洋介の部屋・後日

気分良く原稿を進める洋介。

変なところに寝そべってお菓子をほおばっている、ばるぼら。


洋介（ナレーション）「ようやくばるぼらの存在理由が明らかになった。気分は高揚し、頭は冴えまくっている……」


洋介、ばるぼらと目を合わせる。

ひと区切りついた、という風に、

洋介「ばるぼら、飲みに行こう」

ばるぼら「おれ、行きたい店ある」

※次シーンにかかる。

## ―― 21　繁華街・路地裏・夜

ばるぼらが、洋介の手を引いてウキウキとやってくる。

## ―― 22　紫煙漂う薄暗い店・夜

サングラスをした洋介とばるぼら、入ってくる。

ベネチアン・マスクをつけた店員。ドラァグクイーン、全身にタトゥーをした男など、ゴシック調で、退廃的な客たち。

店の奥のステージでは、耽美的なルックスの男性歌手（紫藤）がバンドを率いて歌っている。

ばるぼらに声をかける外国人たち。ばるぼらは、その国の言葉で返事を返す。

洋介は、仮面をつけたトップレスの女バーテンダーがいるカウンターに座ると酒を注文する。

奥の小部屋では、アニメのコスプレ姿の客たち数人が乱交しているのが見える。

洋介は、苦笑いして、出されたグラスを呷る。

ばるぼらは、ステージの方へ行き、ひとりでふらふらと踊っている。

妖艶なその姿。

しばらく眺めていると、紫藤は歌い終わり、ばるぼらに歩み寄ってくる。

紫藤「ばるぼら……」

ばるぼらは、無視するように行こうとする。その腕を掴む紫藤。

紫藤「ばるぼら……戻ってきてくれ」

ばるぼら、アカンベエをする。

紫藤「俺はお前がいないと……」

紫藤は放さず、ばるぼらは困っている。

洋介が、割って入る。

洋介「おい、よせ」

紫藤「なんだ、お前」

紫藤、洋介にくってかかろうとする。

洋介、それをかわして、紫藤を殴る。

倒れる紫藤。悔しそうに、ばるぼらを睨んでいる。

洋介、ばるぼらをかばうように、店から出て行く。

紫藤はその背中に、

紫藤「お前も！　いずれ俺と同じ運命を辿るんだ！　その女は……」

## ——22A　路地裏の空き地・数日後

洋介とばるぼらが、仲良く酒を飲んでいる。

相変わらず、いい調子のばるぼら。

それを眺めていた洋介、何かひらめいたという風に、

洋介「……お前のこと、書いてやる」

ばるぼら「え……おれ？」

洋介「そうだ、お前が主人公だ……題名も『ばるぼら』。いいじゃないか」

ばるぼら「モデル代、払えよ。……そうだ」

ばるぼら、がらくたの下に潜り、何か拾い出してくる。

ばるぼら「プレゼント」

洋介の手に渡す。古びた万年筆。

ばるぼら「それで書いて。おれのこと」

## ——23　里見邸・縁側・翌日

庭先の枝に巣を張っている蜘蛛。

里見と秘書の松山が相談している。

松山「美倉洋介の応援原稿はもらえそうですか」

里見「まあ、任せておけ。娘から口説いてもらったから、問題なかろう」

松山「あの先生の人気から、かなりの票が先生に流れますな」

不敵な笑みを浮かべる里見。と、急に腕を押さえる。

里見「おい、しびれる……」

いきなり倒れる里見。痙攣している。

慌てる松山。

松山「先生！……おい、誰か！」

## ——24　洋介の部屋・夜

洋介、ばるぼらにもらったペンで原稿を書いていると、電話がかかる。

携帯を手にする洋介。

加奈子の声「先生……いま、志賀子さんから連絡があって、里見代議士が倒れられたと」

洋介「……」

加奈子の声「心筋梗塞だそうで、回復の見込みが……」

洋介、返事をせずに電話を切る。

デスクにおかれていた原稿のプリントアウトを手に取る。

『里見代議士応援演説』と題名が書かれている。

黙ってそれを破くと、デスクの下のゴミ箱に捨てる。

ふと、ゴミ箱の中に何かを見つけ、拾い出す。

針が刺さった人形。どことなく里見を彷彿とする。

洋介が神妙に眺めていると、ばるぼらが部屋へ入ってきた気配。

洋介「はるぼら……代議士が倒れたって」

ばるぼらが、背後でコートを脱ぐ。

洋介「お前、嫌ってたよな、政治のコネ。これでもうなくなったよ」

洋介、ばるぼらに人形を見せるように、
洋介「これ、なんだかわかるか?」

洋介の側に立つばるぼら。ハッとする洋介。

扇情的なドレスを着て、いつになく女らしい姿。

洋介「ばる……」

ばるぼらは、洋介に覆い被さるように迫り、激しく口付けする。

床に落ちる人形。

洋介も、ばるぼらを抱き締める。

押し倒されるようにデスクに横になる洋介。

床に落ちるパソコン、原稿、デスクウェア……。

ばるぼらが洋介の上に乗る。

妖しげなその瞳。洋介の眼を覗きこむ。

ドレスのジッパーを下ろす。

デスク・スタンドに晒されていくその素肌。

洋介、その肌に手を伸ばす。

ばるぼら、洋介の手の感触に身をまかせる。

洋介、ばるぼらに口づける。

ばるぼらの手が洋介の素肌を求め、シャツのボタンを外し、パンツのジッパーを下ろす。

ばるぼらは、洋介の目を見つめたまま、湧いてくる感覚を、その歓びを素直に表す。

ばるぼらを見つめ返しながら、洋介もその快楽に没していく……。

× × ×

ベッドの上で、ふたりは貪るように愛し続ける……。

× × ×

朝。キッチンカウンターで果物を食べるばるぼら。

その背後から、洋介が抱く……。

× × ×

夕陽に照らされたリビング。

床の上で、ふたりの行為は果てることなく続く……。

## 25 同・バスルーム・夜

洋介がバスタブに浸かっている。

そこに飛び込んでくるばるぼら。

洋介「おい……!」

ばるぼら、洋介を強く抱き、バスタブの湯の中に沈める。

湯の中で、口づけを交わし、抱きしめ合う二人。

× × ×

狭いバスタブで、抱き合う二人。
ばるぼら「先生、結婚して」
洋介「……」
ばるぼら「ね、結婚しよう」
洋介「いいね。結婚しよう。結婚すべきだ」
ばるぼら、嬉しそうに洋介を抱き締める。幸せそうな瞳。

## 26 人気のない繁華街・昼間

早い時間の風俗街は、妙に庶民的な景色である。

四谷がやってきて、街の人にスマホの写真を見せながら、尋ねている。

どこかを指し示す街の人。

四谷、示された先へ向かう。

## 27 オープン前のバー ※#22の店

ポールダンサーたちが、店の端々でウォーミング・アップしている。

洋介がひとり飲んでいると、四谷が現れる。

四谷「探したんだぜ」

四谷　洋介、ごまかすようにダンサーたちに目をやり、
「見ろよ、完璧じゃないか。あの姿」
洋介　「……加奈子さんが心配してた。お前が変わっちまったって」
洋介、黙って飲んでいる。
四谷、しげしげとその顔を見て、
四谷　「女か？」
洋介　「なぜ？」
四谷　「他に何かあるか？」
洋介、苦笑い。
四谷　「どんな女なんだ？」
洋介　「……ミューズに出会ったことは」
四谷　「ミューズ……霊感を授けてくれるあれか」
洋介　「神話の女神じゃない。柔らかな肉体を持った、ミューズだよ」
四谷　「お前にミューズがいるとすれば、加奈子さんだろ？　お前なんかの秘書を献身的にしてくれてる」
洋介　「金のためだよ」
四谷　「そんな風にしか見てないのか」
洋介　「他に何がある？」
四谷　「愛があるだろ」
洋介、自嘲的な笑みを浮かべる。
洋介（ナレーション）「谷崎曰く、恋愛は血と肉で作られる最高の芸術である」

――28　洋介の部屋・翌日
ノックをして、加奈子が入ってくる。

洋介、デスクでグラス片手に、ペンで何か書いている。

加奈子　「先生……電話してもお出にならないので……」

洋介、黙って飲み続ける。

加奈子、ペン書きしている洋介の手を不思議そうに見てから、周囲を見回す。

以前とすっかり変わって、妙に生活感あふれた部屋の様子。

飾られている絵画も、落ち着いて品のあるものからグラフィティのような激しいものへと変わっている。（後に出てくるアーティストのものだと後でわかる）加奈子、それを見ながら、
加奈子　「趣味が変わられたんですね」

洋介　「……」

加奈子　「先生……なにかお役に立てること、ないですか」

洋介　「……別に」

しばしの沈黙。

加奈子は、思い切ったように尋ねる。

加奈子　「あの、四谷さんに聞きましたけど……先生、誰かとお付き合いしてるって」

洋介、顔つきが変わる。

加奈子から見えない部屋の片隅に、ばるぼらが座っている。

ふたりの会話を聞いているようで、いないような。

加奈子　「志賀子さんじゃないって。……誰なんですか？」

洋介、立ち上がると、不機嫌そうにあたりを徘徊する。

加奈子　「変な女に振り回されてるんじゃありませんか？」

洋介　「……」

加奈子　「まさか先生……その人と……」

洋介　「余計なことを詮索するな！　個人的な問題なんだ」

加奈子　「そうはいっても、先生は世の中に必要とされている方なんですから、おかしなことに巻き込まれないように」

棚に置かれていたガラスのトロフィーが急に落ちて、音を立てて割れる。

びっくりする加奈子。

洋介　「新しいことをしたいんだ……くだらない仕事はもうやめたいんだ」

加奈子、何か言いたげだが、黙って床に散った装飾品のかけらを拾い集める。

洋介　「いいよ……放っといてくれ」

加奈子、手を止める。と、床に落ちている里見のような人形を見つける。

不思議そうな顔で、それをこっそりポケットに入れる。

洋介　「出てってくれ……」

加奈子、沈んだ顔つきで部屋から出て行く。

物陰で、その様子を探っていたばるぼら。

### 29　街路・夜

加奈子が、スマホで何かを検索しながら歩いている。

画面上に、呪いの人形についての写真と記述。

その解説を食い入るように読む加奈子。

角から一歩出たところで、ヘッドライトに照らし出される。

ハッとして顔を上げる。

叫ぶようなクラクション。激しいブレーキ音。

トラックに撥ねられて飛ぶ、加奈子の身体。

### 30　洋介の部屋・同夜

倒れる酒瓶。

ばるぼらが、並んだ酒瓶を的にして、コルクを投げて遊んでいる。

洋介はその側で、酒を飲んでいる。

デスクの上のスマホが光り、バイブが振動する。

洋介が近付くと、それより早くばるぼらが手を出して着信を止める。

洋介　「？」

ばるぼら、携帯を床に放ると、洋介にキスをする。洋介、そんなばるぼらを抱き締める。

床の上に落ちたスマホ。その側に、加奈子そっくりの人形が落ちている。それが次のシーンの加奈子にオーバーラップする。

### 31　加奈子の病室・翌朝

ベッドに横になっている加奈子。様々な維持装置に繋がれている。

廊下をやってきた四谷。

病室に入ると、加奈子のベッドの側に立ち、心配そうに眺めている。

荷物入れに置かれた加奈子の手提げ。その中に、里見の人形が見える。

四谷は、それを手に取って見つめる。

### 32　繁華街・昼

ばるぼらが、洋介の手を引いてやってくる。

洋介　「今度はどこ行くんだ？」

ばるぼらは、黙って洋介を路地にある扉へ案内する。

洋介　「こんなところに店？」

中へ入る二人。

### 33　骨董店・店内

薄暗い店内には所狭しと骨董品や美術品が積み上げられ、どこの民族のものともつかぬ仮面が壁に並んでいる。時代も国もわからない異空間。

あたりを見回す洋介。

土偶のように太った女が、椅子に座っている。

ばるぼら　「おっかさん……」

女　「これが例の男かい？　大して才能あるように見えないけどね」

洋介　「美倉洋介です」

女はテーブル上のタロットカードをひっくり返す。

女　「この子が見込んだ男なら、仕方ないけどね。あたしはムネーモシュネー」

ムネーモシュネーは、洋介に酒を勧める。

ムネーモシュネー　「安酒だけど、一杯やるかね」

グラスを交わす洋介。
ばるぼらは、少し離れた椅子に座る。

**ムネーモシュネー**「あんた物書きかい？　あんたにとって小説ってなんだね」

**洋介**「……メシのタネ、と言いたいですが、まあ、人生そのものでしょうか」

**ムネーモシュネー**「ふん……小説は人生の捏造じゃないのかね」

**洋介**「そういう人もいますね」

洋介、ムネーモシュネーと飲み交わす。

**ムネーモシュネー**「じゃあ、芸術ってなんだね」

**洋介**「……手の届かない……女神みたいなものです」

洋介、ばるぼらを見る。

**洋介**「美しく……気紛れで……男を堕落させる」

ばるぼら、黙って酒を呷る。

**洋介**「ばるぼらと結婚させてください」

ばるぼら、微笑む。

**ムネーモシュネー**「これまで、たくさんのクズが同じことを言ったよ」

**洋介**「おれは違います」

酩酊したような洋介とムネーモシュネー。

**ムネーモシュネー**「小説家なんて、クズに違いないさ」

**洋介**「クズですが、本気で愛しています」

**ムネーモシュネー**「……いいかい、決してこの子を悲しませるんじゃないよ」

**洋介**「誓いましょうか？」

**ムネーモシュネー**「そうしておくれ」

ムネーモシュネーは、分厚い書類を持ってくる。

**洋介**「？」

**ムネーモシュネー**「宣誓書だよ」

**洋介**「宣誓書？」

**ムネーモシュネー**「そうだよ。私たちと結ばれるのなら、これを交わしてもらわないと」

洋介、文書に目を通すが、文字が躍っていてさっぱり読めない。

**ムネーモシュネー**「どうだい？　やめとくかい」

**洋介**「いや……」

洋介、サインしようとペンを出す。

**ムネーモシュネー**「手をお出し」

洋介、不思議そうに手を出す。
と、ムネーモシュネーはいきなりナイフで指先を切る。

**洋介**「なにするんだ！」

ムネーモシュネーは洋介の手を掴み、宣誓書に血判を押させる。
洋介、目を上げる。
ばるぼらの姿はいつの間にか消えている。

**洋介**「ばるぼらは？」

**ムネーモシュネー**「結婚式まで会えないよ」

**洋介**「なんだって？」

**ムネーモシュネー**「決まりなんだよ。いいかい、このことは誰にも話しちゃいけないよ。たとえ身内にもね。もし誓いを破ったら、どうなるか……」

**洋介**「……」

---

## 34　洋介の部屋・一週間後

洋介が、ベランダで煙草を吸っている。

**洋介（ナレーション）**「一週間、ばるぼらは姿を見せなかった」

と、玄関のドアが乱暴に叩かれる。
洋介は、ばるぼらかと思ってドアを開ける。
志賀子が部屋へ入ってくる。

**洋介**「ここに来るなと言ったろ」

**志賀子**「パパの葬式にも来てくれなかった……」

洋介、興味ないという感じでデスクに向かう。

**志賀子**「加奈子さんの意識が戻ったの、聞いた？」

洋介　「いや……」

志賀子　「四谷さんの話だと、まだ頭が混乱してて。おかしなことばかり呟いてるって。人形がどうとか……洋介さんが誰かと結婚するとか」

洋介　「……」

志賀子　「どういうこと？」

志賀子は、涙目で問い詰める。

洋介、答えない。

恨みがましい目付きの志賀子。

志賀子　「どうかしてるわ」

志賀子、怒ったように出て行く。

---

## 35　密室

ばるぼらが、白衣をまとって、魔方陣の中に座っている。

とろんとした空ろな目付き。

---

## 36　里見の邸宅・翌日

里見代議士の遺影。

志賀子が、縁側で、松山と何やら相談している。

メモを取る松山。

思い詰めたような志賀子の表情。

---

## 37　街外れのビル・夕方

満月が空に昇っている。

黒塗りの車で到着する洋介。目隠しされ、正装している。

黒スーツの係員が出てきて、車のドアを開ける。

洋介、目隠しを取られ、あたりを眺める。

洋介　「ここは……？」

怪しい集会所のような建物。

係員　「こちらです」

建物の中に案内する。

その直後、少し離れた場所に別の車が停車する。

運転席にいる松山。携帯で、どこかに電話をかける。

---

## 38　同・受付

洋介、黒服の男について、暗い階段を昇ってゆく。

---

## 39　同・小部屋

洋介、中へ通される。

黒服の男　「ここで服をお脱ぎください」

洋介　「服を？」

黒服の男　「全てです。これから先は神聖な身体のみが入室を許されます」

と、ドアを閉めて出て行く。

洋介、拒絶できない雰囲気に、やむなく服を脱ぎ始める。

---

## 40　同・式場

扉が開けられる。

全裸になった洋介、目の前の光景に息を飲む。

そこはうっすらと煙が漂う洞窟のような地下室。

蝋燭で照らされた空間に、数十人の全裸の女性たちが、箒を手に並んでいる。

男性のスタッフが、洋介に煙草状のものを手渡す。

男性　「お吸いください」

洋介、手に取って吸い込み、むせる。

別の女性二人が、洋介の身体にオイルのようなものを塗る。

副司祭の装束を着たムネーモシュネーが現れる。

ムネーモシュネー　「さあ、花嫁が待っているよ」

と、洋介の手を取る。

女たち、呪文のような言葉を唱えながら、二手に分かれる。

その先に見える祭壇。

背後に巨大な聖体が浮かんでいる。
裸体のばるぼらが箒を手にして立っている。
洋介、祭壇へと進む。
待ち受けるばるぼら、目を輝かせている。
呪文は大きく激しくなり、煙は濃くなってゆく。
洋介、ばるぼらと向かい合う。
司祭が現れ、祭壇の前に立つ。

司祭　「さあ、互いの手を取り合いなさい」

ばるぼら、手を出す。
洋介、その手を取ろうとした瞬間、
「式は中止です！　全員、退出してください！」
と、男の声。
「警察が来ました！　早く逃げて！」
たちまち、騒然と逃げ惑う参列者たち。

洋介　「!?」

ばるぼら　「いや！　そんなの！」

洋介、ばるぼらに手を伸ばすが、それより先に、ムネーモシュネーが抱き締める。

ムネーモシュネー　「密告したね」

洋介　「違う！　俺じゃない」

ムネーモシュネー、ばるぼらを抱え、奥の通路へと姿を消す。
洋介、後を追おうとするが、女たちに阻まれ、動けない。
入口から警察が侵入してくる。

洋介　「ばるぼら！」

背後から殴られて、昏倒する洋介。

## ―― 41　『小説家美倉洋介大麻使用容疑で逮捕か』とのスポーツ新聞記事

## ―― 42　洋介の部屋・数か月後

洋介、デスクに向かっている。
が、うなだれ、何も手につかない様子。
痛々しい傷跡が残る加奈子が、キッチンテーブルに二人分の膳立てをし、

加奈子　「少しは召し上がらないと」

洋介　「……」

加奈子　「大丈夫ですよ。起訴猶予になったんですから。こんな騒動、すぐにみんな忘れちゃいますよ」

洋介　「俺自体が忘れられる」

加奈子　「そんなことあるわけないじゃないですか」

洋介　「連載は？　全部、打ち切られたんだろ」

加奈子　「一時だけですよ。先生ならすぐに新しい話は来ます。ちょうどいい機会じゃありませんか。少し、ゆっくり休まれたらいいです。最近、お疲れのようでしたから」

洋介　「……」

加奈子　「ご心配なく。私がついていますから。……さあ、召し上がってください」

洋介、立ち上がり、キッチンテーブルへ。
加奈子、嬉々として、御飯をよそう。

洋介　「ビーフストロガノフか。ひさしぶりだな」

加奈子　「先生の好物でしょ。私もひさしぶりに作ったから、うまく出来たかどうか……」

洋介　「傷は？」

加奈子　「大丈夫です、ありがとうございます。お医者さまもびっくりの回復力なんですよ」

と、笑う。
洋介、じっと加奈子を見つめている。

加奈子　「どうかしました？」

洋介　「いや……よく、俺を見捨てずについてくるな、と」

加奈子、首を振る。

加奈子　「二人で頑張ってきたんじゃないですか。今さら……」

洋介、何か言いかけて、料理に戻る。

洋介　「うまい」

その言葉に嬉しそうな加奈子。

## 43　マンション屋上・薄曇り空・数日後

洋介が、空を見上げている。
心ここにあらず。
ふと、何かが手摺に縛り付けられているのに気付く。
手に取ると、それは洋介にそっくりの人形。

洋介　「……」

## 44　スーパー

買い物をしている加奈子。
偶然、通りかかる四谷。

四谷　「加奈子さん」

加奈子　「あら、四谷さん……お近くなんですか？」

四谷、カゴいっぱいの冷凍食品を見せて、照れ笑い。

四谷　「（加奈子のカゴを覗き）それ、洋介にですか？」

加奈子　「ええ……」

四谷　「偉いですね、加奈子さん。あいつの面倒見られるの、あなただけですよ」

加奈子　「もう、腐れ縁で」

四谷　「いっそのこと、結婚したらどうですか。その方が、あいつのためにもなる」

加奈子　「やめてください。私たち、そんな関係じゃないんです」

四谷　「しゃあ、どんな関係なんですか？」

加奈子　「……」

ふと、加奈子に寂しそうな色が過ぎる。

四谷　「ぼくは洋介より、あなたが心配ですよ。あまりに献身的すぎる」

加奈子、顔を上げない。

四谷　「ぼくは洋介とは古いつきあいです。正直に言うと、あいつはもうダメですよ。いや、もともと、あいつの人気は一過性だった。小説の才能というより、本人のキャラクターで売れていたようなものですから」

加奈子　「……私は、洋介さんの才能を信じてます」

加奈子はそう言うと、逃げるようにそこを立ち去る。

四谷　「……」

## 45　路地裏・骨董屋の入口

洋介が、探すようにやってくる。
骨董屋があったところは、扉がなくなっている。
焦るように入口を探し回る洋介。

## 46　洋介の部屋・翌日・昼間

洋介、だらしなくソファに寝そべっている。
精気のない目を窓外に向けている。
何も書かれていないPCのワード画面。
床には空になったスコッチのボトルがたくさん転がっている。
ばるぼらの笑い声が響いてくる。
急に、

洋介　「酒ならそこにあるだろ！」

と、ソファを振り返る。
しかし、ソファには誰もいない。
呆然としている洋介。
洋介の脳裏をかすめる、ばるぼらの無邪気な姿。
その幻想を打ち消すように、加奈子が部屋へ入ってくる。
加奈子、散らかった部屋を見て、

加奈子　「また汚したのね……」

黙々と片付け始めて、

加奈子「ウェブ連載の原稿、上がりましたか?」

と、デスクの上を覗く。

反応のない洋介。酒を呷る。

加奈子「……まだなんですね。締切り二日も過ぎて、催促が来てるんですよ」

洋介、苛々と、

洋介「わかってる」

加奈子、我慢が限界に来たように、

加奈子「わかってるって……私がどれだけ頭を下げて取ってきた仕事か、本当にわかってるんですか」

洋介、立ち上がると上着を手にする。

加奈子「どこに行くんですか?」

洋介、応えず、出て行く。

## 47　ガード・昼

洋介は、最初にばるぼらとふたりで歩いてきた道を、辿っている。

## 48　新宿地下道・ばるぼらと初めて出会った場所・午後

酒のボトルを片手に、ふらりとやってくる、洋介。

洋介「……」

洋介、かつてのばるぼらと同じように座り込む。
だらしなく寝転ぶ。

×　×　×

深夜。

洋介、すっかり寝入っていて、警官に起こされる。

警官「大丈夫ですか?」

ふらふらと起き上がる洋介。
答えもせずに歩き去る。

## 49　線路脇の屋台・深夜

洋介、屋台のカウンターで安酒を飲んでいる。
酔払った労務者風の男がふたり、隣で賑やかに飲んでいる。
洋介、煩いという顔で見る。

労務者甲「なんだよ」

労務者乙「あれ、あんた見たことあんな……テレビ出てた? あー、小説家の美倉洋介だ」

労務者甲「ほんとかい?」

洋介、無視するように酒を呷る。

労務者乙「なんでこんなとこで飲んでんだよ」

労務者乙、面白そうに洋介の肩に手を置く。
洋介、ムッとして乱暴にその手を払う。

労務者乙「なんだよ、てめえ!」

労務者乙、洋介の襟を掴む。抵抗して暴れる洋介。
労務者甲も一緒になって、洋介を殴る、蹴る。
店の外へ飛び出して大喧嘩になる……。

## 50　ガード下の道・明け方

痛め付けられた洋介、ふらふらと歩いてくる。
ふと見ると、ストリート・アーティストたちが、ガード下の壁面にグラフィティを描いている。
スマホに繋いだ小型スピーカーから、ヒップホップ的なリズムが流れ出ている。
ばるぼらに似た女が、その音で、取り憑かれたように踊っている。
思わず見入る洋介。
服装は変わっているが、たしかにばるぼらだ。
ばるぼらはアーティストに擦り寄ると、楽しげに酒を交わす。
洋介、近付いて、

洋介「ばるぼら……」

ばるぼらは、無視するような態度。

洋介、思わずその腕を掴む。

ばるぼら「やめろよ……」

嫌がって逃れるばるぼら。

追う洋介。

止めようとするアーティスト。

それを振り切って、追ってゆく洋介。

## 51　トンネル

逃げてくるばるぼら。追って来る洋介。

やがて、ばるぼらは洋介に追いつかれる。

ばるぼら「よせ！」

洋介「ばるぼら……戻ってきてくれ」

ばるぼら「……あんたなんか知らん。放っといてんか」

ばるぼら、嫌がって逃れようとする。

洋介「！」

洋介が掴まえると、ばるぼらは抵抗する。

ばるぼら「離せ、このキチガイ！」

洋介、強くばるぼらを抱き締める。

ばるぼら「やめ……ろ……」

ばるぼら、しばらく抵抗しているが、やがておとなしくなる。

ばるぼら「先生……おれのこと裏切った」

洋介「すまん……許してくれ」

洋介、ばるぼらに接吻する。はじめ嫌がっていたが、すぐに受け入れるばるぼら。

と、ばるぼらは急に動きを止める。

ばるぼら「許されないの。あたしたち」

洋介「構わないさ」

ばるぼら「おっかさんたちを怒らせたら、ただじゃすまないんだ」

洋介「逃げよう」

ばるぼら「どこへ？」

洋介「ふたりでいられる場所」

## 51A　繁華街・夜

洋介はばるぼらの手を引いて、路地を縫うように駆けてゆく。

街から街へ、疾走してゆくふたりの影。

## 51B　骨董屋

ムネーモシュネーが、テーブルに着き、ナイフの柄でテーブルを叩いている。

ギラギラとしたその眼つき。

## 52　都会の路地・早朝　※ゴールデン街

ゴミを漁るカラスの姿。

ダンボールの陰で休んでいた洋介と、ばるぼら。

あたりを確かめて、そこから逃げ出す。

行く先々に、呪術的な仮面をつけた者たちがたむろしていて、洋介たちを振り返る。

逃れるように、駆けてゆく洋介とばるぼら。

あちこちの窓からも、仮面が覗く。

洋介に似た人形が、壁に釘で打ち付けられている。

洋介、それを見つけると、奪い取って捨てる。

ばるぼら「こっち！」

ばるぼら、板塀の隙間を見つけ、そこから塀の外へ逃れる。

ついてゆく洋介。

## 53　空き地（再開発用地）・早朝

都会の真ん中のはずなのに、奇妙にぽっかりと広がる草原。

朝の光が草の露を照らしている。

駆けてくるばるぼらと、洋介。

草原の真ん中にある枯木のところで、ばるぼらは足を止める。

洋介も息切れして、立ち止まる。

ばるぼら「もう……疲れた」

ばるぼら、しゃがみこむ。

洋介「あいつらに殺されるのか？」

ばるぼら「覚悟を決めたほうがいいよ」

ばるぼら、寝そべる。

洋介も、その横に寝そべって、空を仰ぐ。

奇妙に晴れた朝の空に、雲が流れていく。

ばるぼら「過ぎし日の空……蒼くありき。過ぎし日の望み、高くありき。されどその望み破れ、暗き空へ……消え果てぬ」

洋介「……その通りだ。俺の人生も、仕事も、無に帰るんだ」

ばるぼら、愛しそうに、洋介に口づけする。

ふたりは抱き合い、しばらく接吻し続ける。

目を閉じる洋介。

洋介「このまま、死んでしまって、誰にも見つからずに、身体が腐って、溶けてしまって、なにもなくなる……」

ばるぼらの目が涙で光る。

急に洋介の上に乗ると、その首を絞める。

洋介は抵抗しない。ばるぼら、力を込めて洋介の首を絞め続ける。

洋介の手足が、震えてくる。

と、いきなり身体が無意識に反応して、激しく腕を振り回す。

洋介「がっ！」

その勢いで、ばるぼらの身体は後ろに跳ね、大きな石に頭を打ち付ける。

洋介、ぜえぜえと苦しそうに息をして、起き上がる。

ふと見ると、倒れたばるぼらは動かない。

洋介、覗きこむ。

洋介「ばるぼら……」

返事のない、ばるぼら。

洋介、ばるぼらの身体を起こそうとする。

うっすらと目を開けるばるぼら。

洋介「大丈夫か」

ばるぼら、ゆっくり身を起こす。

ばるぼら「……なんてことないよ……へへ、運が悪かった」

頭をさする。額から血が流れている。

洋介、深刻そうに見る。

洋介「医者へ行こう」

ばるぼら、なんとか立ち上がる。

ばるぼら「平気のへ……医者なんか行ったら、おっかさんたちに掴まっちまうだろ」

洋介「……」

ばるぼら「先生……ふたりで行くんだろ？　ふたりだけの場所……」

洋介、ばるぼらと見つめ合う。

### ――54　街道

洋介とばるぼらが、路肩に立って手を上げている。

通りかかった乗用車が停車する。

運転していた男「どうしたんですか？」

洋介「この人が怪我をしまして。医者へ行きたいんですが」

運転手、驚いたように車を降りる。

洋介、手伝ってもらって、ばるぼらを後部席に座らせる。

と、洋介はいきなり運転手を突き飛ばし、車を奪って走り去る。

運転手「あっ！　おい！　停まれ！」

### ――55　山へと続く道

洋介とばるぼらの乗った車が走ってゆく。

行く手には雄大な山。

### ――56　山奥の山荘・夕方

山間にぽつんとあるログハウス。

その前に車が停めてある。

## 57 同・中

洋介はビニール袋からテーブルへ、買ってきた食料や水を出している。

ばるぼらは、疲れたように椅子へ座る。

ばるぼら「ここで暮らすの……」

洋介「ほとぼりが冷めるまで」

ばるぼら、満足そうに伸びをして、微笑む。

ばるぼら「ふたりきりだね」

洋介、隣の部屋に行き、そこの冷蔵庫に食料を入れる。冷蔵庫は電気が来ていない様子。

洋介「……」

元の部屋へ戻る。

洋介「電気が来ていないようだ」

ばるぼら「洋介、暗い……」

洋介は、黙って石油ランプに明かりを灯す。

洋介「これで我慢してくれ」

洋介、じっと明かりを見つめて、

洋介「不思議だ……こんなに満ち足りた気分はひさしぶりだ」

ばるぼら、応えがない。

洋介「ばるぼら」

ばるぼら、半目のまま、ぐったりとしている。

洋介「ばるぼら？　眠ったのか？」

洋介、ばるぼらの身体を揺する。

力なく揺れるばるぼらの身体。

洋介「ばるぼら！」

洋介、ばるぼらの顔をじっと覗き込み、手首の脈を取る。

洋介「ばるぼら！……ばるぼら！」

ばるぼらの身体を強く揺する。

洋介「そんな……」

洋介は、ばるぼらの身体を机の上へ寝かせ、心臓マッサージを始める。

洋介「死ぬな、ばるぼら……死ぬな！　死ぬな！」

マッサージを続ける洋介。

ばるぼらの身体、その動きに合わせて動くばかり。

洋介「ばるぼら！」

## 58 同・夜が訪れる

## 59 山荘の中

洋介、人形のようなばるぼらを抱きしめたまま、椅子に座っている。

## 60 山荘は深い霧に包まれている

## 61 同・中

裸にされたばるぼら、人形のように座っている。まだ生きているような気配。ただ、その目だけが生気を失っている。

憔悴した洋介、ばるぼらを見つめている。

洋介「ばるぼら。目を覚ませよ。本当は生きてるんだろ」

何も映さないばるぼらの目。

## 62 深い霧の中

洋介、山荘の前に立ちつくしている。

数歩、足を踏み出す。

と、そこは崖で、足を滑らせ、谷に落ちそうになる。

洋介、慌てて、体勢を戻す。

呆然と霧を見つめる。

——63　山荘の中

ばるぼら、人形のように座ったまま。

洋介、腐った食べ物を口に運ぶ。が、すぐに吐き出す。

振り返ると、ばるぼらのガラス玉のような目。

**洋介**　「面白いか、ばるぼら……なにを笑ってるんだ」

洋介、ばるぼらの元へふらふらと歩み寄ると、顔の前で目を合わせる。

洋介、服を脱ぎ、その肉体を抱く。

口づけを交わす。ばるぼらの目の光はぴくりとも揺れない。

**洋介**　「なんでだよ……王子様の口づけで目を覚ますんだろ……」

洋介、無理やり挿入しようとし、必死に身体を上下に動かす。

**洋介**　「ばるぼら……目を覚ませ……ばるぼら……」

洋介、ひとりで絶頂を迎えるが、ばるぼらは岩のように不動のまま。

ぐったりと、ばるぼらの身体にもたれかかる洋介。

——64　同・外・数日後

山荘は霧に包まれたまま。

その前に、立ち尽くす洋介。

髭は伸び、やつれて、生気を失ったような表情。

——65　同・中

洋介、椅子に座って、ばるぼらの着ていた服の一部を齧っている。と、口の動きが止まり、ぎらぎらとした目でばるぼらをしげしげと眺める。

**洋介（声）**　「ばるぼら……お前、うまそうだな」


つと立ち上がり、キッチンへナイフを取りにゆく。

ナイフを手に持った洋介、ばるぼらの身体に近付く。

値踏みするようにその身体を眺め、その乳房にナイフを突き立てる。

肉をそぎ取ると、口に含む洋介。恍惚の表情。

ハッと気付くと、以前のように椅子に座って服を齧っている。見ていたのは幻覚だった。

洋介の目から涙が零れる。

——66　同・翌日

ベッドに横たわる洋介。瀕死の病人のような姿。

部屋の片隅に目をやる。

相変わらず座ったままのばるぼら。人形のように、変化がない。


**洋介（声）**　「ばるぼら……お前はきれいだ」

朝陽がその身体を艶やかに照らしている。

**洋介（声）**　「わかったよ……これがお前なりの復讐なんだな」


ガラス玉のようなばるぼらの目に、洋介が映っている。

洋介は、ゆっくりと身体を起こすと、机の引出しを探り、紙と鉛筆を見つける。


**洋介（声）**　「お前のことを書くんだっけ……お前のすべてを……」


洋介は、紙にひたすら鉛筆を走らせる。芯が折れ、ナイフで削り、さらに書く。

何かに憑かれたように、むさぼるように、書き続ける。

その様子を、もの言わず見つめているようなばるぼら。

——67　同・外・朝

霧が晴れて、良い天気になっている。

車が山荘に近付く。

降りてくる管理人。山荘に入ってゆく。

——68　同・中

管理人の影、入ってくる。

誰もいない部屋。床に散らばった原稿。

優しい風が吹き込み、原稿用紙を鳴らす。

69　都会・後日

洋介（声）「都会が何千万という人間を飲み込んで消化し、垂れ流した排泄物のような女……それがばるぼら……」

70　書店

『ばるぼら』と題された本が平積みされている。手に取っている若い客。
『ベインズ国際文学賞』『シュヴァリー賞』ダブル受賞と反響の大きさを伝えている。
それを眺めている四谷と加奈子。

四谷「こんな傑作を残して……どこに行ってしまったんだ」

加奈子「先生、きっとそのうち突然現れて、世間をあっと言わせるつもりなのね」

加奈子の目に光るものが。
四谷は、加奈子の肩を優しく抱く。

71　山村

浮浪者のような老人が歩いている。
いや、老人ではない。それは精魂尽き果てた美倉洋介だった。
立ち止まり、ふと、顔を上げる。
その目はどこを見ているのか——。

72　新宿・都会の澱みが溜まっているような街

今日も多彩な人々が、地下街を疲れた足を引きずるように、流れてゆく。
洋介の本の広告が、風に飛ばされ、雑踏の中に消えてゆく。
その片隅に、ばるぼらが座っている。

了

永井豪＆ダイナミックプロ作品
絶賛発売中!!!!!!!!!!!
“世界終末”の予感で描いた『デビルマン』、45年の時をへて描いた『デビルマンサーガ』。21世紀の現在、世界が揺らいでいる。“デビルマン”の時代が来ていると思うのは作者の私だけなのだろうか!?
永井豪
最終伝説 完結!!!!!!!
BIG COMICS SPECIAL
デビルマンサーガ
全13巻
定価：本体715〜818円＋税
ハレンチに復活
よお〜っ!
おわ〜っ
きゃーーっ
うわ
問題作!!
ギャグ漫画史上、最大の衝撃作にして
漫画界のレジェンド永井豪の出世作!!
50周年記念愛蔵版
全6巻
ハレンチ学園
定価：各本体920円＋税
画業50周年愛蔵版
デビルマン
究極版「デビルマン」降臨!!!!!!!
全5巻
カバー全巻描き下ろし!! 5冊揃えると裏表紙に浮き上がる大迫力のデビルマン軍団!! 伝説的傑作『デビルマン』本編に大幅な加筆・修正・再構成を施した最新版デビルマン、降臨!!
定価：各本体778円＋税
BIG COMICS SPECIAL　発行／小学館　bigcomicbros.net にアクセスすると、ビッグコミックスや単行本の情報があり、単行本をオンラインショップで購入することができます。